白石範孝の国語授業

おさえておきたい
指導の要点
&技術50

筑波大学附属小学校
白石範孝 著

明治図書

はじめに

　「何を教えたらいいのか分からない。」「答えがはっきり出ない。」「どうすればいいのか分からない。」などの言葉は，国語の授業づくりで多く発せられる言葉です。また，「この物語の中心人物は？」「『聞』の漢字の部首はどうして『耳』になるの？」「要点は？」と問われてもその答えを明確にすることができなくて曖昧にしてしまいがちです。

　なぜ，このようになってしまうのでしょうか？　考えられることは，使われている「用語」が曖昧にされ，どうすれば答えが出るのかという「方法」やそこにあるきまり，「原理・原則」が明確にされていないからです。このようなことは，日々のさまざまな指導の中でも言えることです。細かい指導が必要なのにその指導がなされないことが多いのです。

　本書においては，国語の授業づくりで必要な細かい指導に視点を当てて，その細かい指導方法について考えてみました。しかし，ここで紹介する内容は，私のこれまでの経験からその指導のあり方を紹介しましたので，「もっと他にもやり方があるのに……」とか「私ならこんな方法を……」と思われる方もいらっしゃると思います。ですから，ここで挙げた方法は一つの方法として受け止めていただければ幸いです。

　さらに，それぞれの内容はクラスの実態や授業の目指す方向によっても違ってくるはずです。ここに挙げましたさまざまな方法を一つのステップとして，自分のクラスや子どもたちに合う方法を新たに考えていただけたらうれしいです。

　さまざまな方法を活用していくことは，子どもたちの学びを豊かにしていこうという方向を目指しています。本書をもとにその方向を一緒に考えてみましょう。

　　平成26年3月

　　　　　　　　　　　　　　　　　　　筑波大学附属小学校　　白石範孝

Contents

はじめに

第1章 国語授業を成功に導く！おさえておきたい基礎・基本

1 国語授業者として大切にしたい指導技術 ─────── 10
 1．国語授業づくりの問題点　10
 2．授業づくりの「指導技術」とは？　11
  ①「用語」「方法」「原理・原則」を教える　11
  ②子どもに問いの意識を持たせる　12

2 国語授業の方向は？
  ―論理的に思考する「考える」授業づくりを目指して―　14
 1．論理的に「考える」ために　14
 2．「三段階の読み」の目的　15
 3．「考える」ための手立て　18
  ①三段階の読みの方向　18
  ②「間接的な発問」の工夫　19
  ③どんな力を付けるのか　19
 4．「三段階の読み」の指導過程　19

3 知っておきたい&使える便利なワザ ─────── 21
 1．無理のない日記を書く活動　21
 2．カードをいつもそばに　22
 3．学習した漢字を使えるようにするために　23

第2章 場面別・つまずき事例でよく分かる！指導の要点＆技術

授業づくりの基礎にかかわる事例

授業全体

1. 授業に参加できない子どもがいる　26
2. 導入がワンパターンで新鮮さがない　28
3. いい範読の仕方が分からない　30
4. 個々の差が大きいとき，一斉指導ではそれぞれへのフォローができない　32
5. ほめ言葉のかけ方が難しい　34
6. そもそも言語活動がよく分からない，活動あって学びなしになってしまう　36
7. 子どもの発言が想定外で授業が思うように進まない　38
8. 子どもが飽きて騒いでしまう　40
9. どんな力が付いたのか，振り返りができない　42
10. 「できた」という実感がなく，達成感がない　44
11. 授業時間内に終わらず，「あとは宿題！」となってしまうことがある　46

発問

12. 子どもに指示がうまく伝わらない　48
13. 「主人公の気持ちを考えよう」ばかりになってしまう　50
14. 発問を黒板に書いた方がいいのか迷う　52

板書

15 書いているうちに黒板が足りなくなり，消すに消せず困ってしまう　54
16 子ども参加の板書のさせ方が分からない　56
17 気づいたら，板書が短冊だらけ……　58

ノート

18 どうしても字がきれいに書けない子どもがいる　60
19 視写のさせ方・視写を取り入れるタイミングが分からない　64
20 視写のスピードがバラバラで上手に取り入れられない　66
21 「ノートを見ても何を勉強しているのか分からない」と保護者に言われてしまった　68
22 ワークシートをメインに使っているが……　72
23 写すだけのノートから自学ノートへのレベルアップ方法は　74

話すこと・聞くことにかかわる事例

24 音読の声が小さくて，スラスラ読めない　76
25 発言の声が小さい　78
26 発言が長くて，何を言っているのか分からない　80
27 発言のルールがうまく機能しない　82
28 他の子どもの発言を聞いていない　84
29 人数が多すぎて，話し合いに参加しない子が出た　86

- 30 スピーチの指導がマンネリ化してしまう　88
- 31 話し合いで意見が出ず，話し合いにならない　90
- 32 単発の発言ばかりで，つながりのない話し合いになってしまう　92
- 33 グループの話し合いが全体での学びにつながらない　94

書くことにかかわる事例

- 34 作文に苦手意識を持っていて，なかなか書こうとしない　96
- 35 段落が一つもない作文や日記になってしまう　98
- 36 感想文と記録文がごちゃごちゃになっている　100
- 37 読書感想文，何をどのように書けばいいのかが分からない　104

読むことにかかわる事例

物語文

- 38 物語の授業で作品の頭から読解をしていたら，子どもが飽きた……　106
- 39 解釈が分かれたまま，収拾がつかなくなった　108
- 40 長文読解が苦手な子どもがいる　110
- 41 古典作品は教科書の音読以外にどんなことをしたらいいのか……　112
- 42 授業での読書単元から，自主的な読書につながらない　114

> 説明文

43 段落の要点をまとめることができない　116

44 意味段落で分ける，が理解できないときには……　118

> 詩　歌

45 詩の授業，文章量が少ないだけにどう指導したらいいか困る　122

🌳 ことばや漢字にかかわる事例

46 授業内での丁寧な言葉と，休み時間の言葉を使い分けさせるべきか……　124

47 間違った漢字はどう指摘すればいいのか……　126

48 新出漢字は指導していても，それが定着しない　128

49 辞書・辞典を引くのに時間がかかる　130

50 単元最初の語句調べに，時間がかかる　132

おわりに

第1章

国語授業を成功に導く！
おさえておきたい基礎・基本

1 国語授業者として大切にしたい指導技術

　「指導技術」と一言で表現するのは，簡単ですが，その内容はとても広く，深いものがあります。そのことをどこに視点を当てて考えればいいのでしょうか？
　学校教育という大きな視点で見ますと「授業づくり」「学級経営」「子ども理解」というような場面が重要な要素として考えられます。それぞれの場面でさまざまな指導技術があるのでしょうが，それらは一般化されているものもあれば，子どもの実態によって変わってくるものもあるのではないでしょうか。
　ここでは，「国語授業づくり」という立場から「指導技術」について考えてみたいと思います。

1．国語授業づくりの問題点

　「指導技術」を考える前に，まずは国語授業づくりの問題点を明らかにする必要があります。この問題を指導者である教師側の問題と，子ども側からの問題に分けて考えてみたいと思います。
　まずは，教師側の問題として次のようなことが考えられます。
・国語の授業は何を教えたらいいのか分からない。
・どの教材も同じようなパターンの授業になってしまう。
・国語の授業では答えがいろいろ出てきてなかなか一つに絞ることができないで，みんないいことにしてしまう。
というように教えることが漠然としていて授業のゴールが見えないことが挙げられます。
　次に子どもの側からの問題点を考えてみますと，
・いつも同じようなことを聞かれ，何を答えればいいのかはっきりしない。
・いろいろな答えがあって，どれがいいのかはっきりしない。
・「分かった」「できた」という気持ちになれない。

等，授業後の達成感が感じられないことが考えられます。

　このような両者の問題を解決するためには，まずは，教師側の授業づくりの技術が重要になってくるのではないでしょうか。何を教え，どんな力を活用させるかという授業のゴールを明確にする授業づくりを目指す必要があると思います。そのためには，子どもたちにどんな力（技術）を付けさせるのかをはっきりさせることが求められるのではないでしょうか。以下，このことについて考えてみたいと思います。

２．授業づくりの「指導技術」とは？

　教えることを明確にし授業のゴールがはっきりとした国語授業づくりの指導技術について次の二点から考えてみたいと思います。

・「用語」「方法」「原理・原則（きまり）」を教える技術
・子どもに問いの意識を持たせる技術

---

①「用語」「方法」「原理・原則」を教える

　説明文の学習でよく行われる活動として「要点をまとめる」があります。この活動を具体的な例として，「用語」「方法」「原理・原則（きまり）」を教えることの重要性を考えたいと思います。

　「要点をまとめなさい。」という指示で子どもたちに活動させると，「形式段落の内容をまとめたもの」「文章全体をまとめたもの」「筆者の主張をまとめたもの」とそれぞれ表現された内容にはさまざまなものが見られ，一人一人のとらえ方にも違いがあり，どれが正しいのか判断が難しくなってしまいます。そして，最終的には先生が答えを示しておしまいにしてしまうことが多いです。

　なぜ，このようなことになってしまうのでしょうか。その原因として次のようなことが考えられます。

　・「要点」という用語のきまりや意味が分かっていない。

・要点をまとめる方法が分からない。

　言葉の意味やきまり、そして方法が分からなかったら子どもは、何をしていいのか分からないのは当然のことです。ここで必要なことは、子どもたちに意味やきまり、方法という技術を教えることです。子どもたちは、この技術を学び、この技術を使ってさまざまな場で活用して自分の力で課題を解決できるようになるのです。

　さて、ここで次のことを考えてみてください。

　「要点」「要約」「要旨」という用語について、それぞれの用語を区別して説明してください。そして、それぞれどんな意味やきまりがあって、どのような方法で求めることできるのかを具体的に説明してください。

　これらの内容を指導者である教師がしっかりと持っていれば、国語の授業で何を教え、何を活用し考えさせ、どのように答えを求めるかが明確にでき、授業の方向がはっきりしてくるのです。「主題」「クライマックス」「中心人物」「文章構成図」……等も同じようなことが言えます。たくさんの用語を私たちは授業の中で何気なく使っています。

　このようなことを教師である私たちがしっかりと身につけることが国語の授業づくりにおいては、とても重要な「指導技術」と言えるのでないでしょうか。

　そして、教師がこの技を持っていたら、子どもたちももっと、知的で学びの多い、楽しい授業になるのではないでしょうか。

②子どもに問いの意識を持たせる

　国語の授業の一般的な流れは、教師の「今日は、〜を読みましょう。」「〜場面を読んでいきましょう。」というような指示で授業が始まることがほとんどです。そして、子どもは、言われるままに学習に入っていきます。この場に見られる子どもの姿は、言われたことをそのままやっていく「受け身」の姿です。しかし、授業の中で子ども自身が「読んでみたい」「考えてみたい」という学習に対して積極的に関わる姿を求めたいですね。

子どもが積極的に学習に取り組むようにするためには，学習活動や教材に対して何らかの「問い」を持つことから始まります。この「問い」には，子どもの何らかの「こだわり」があらわれます。この「こだわり」の強さが子どもたちの読みの意識の高さにもつながってきます。

　どのような問いを持たせるかを教師がしっかりと把握しておく必要があります。その条件として次のような内容を挙げたいと思います。

・教材を読んでいく価値のある「問い」であること。
・子ども全員の「問い」となること。
・「問い」が教材の論理や「用語」「方法」「原理・原則」の習得・活用によって，解決できること。
・読みのねらいを達成できること。
・「問い」を解決することによって学び（基礎・基本の習得）があること。

　どのような問いをどのように持たせるかという「指導の技術」を身につけることも，子どもが積極的に取り組む国語の授業づくりにつながると思います。

　国語授業づくりにおける「指導の技術」について考えてみました。
　その中で大切にされなければならないことは，「何を教えるのか？」「どんな力を技術として持たせるのか？」ということを明確に教師が持つことです。そのためには，教師が「用語」や「原理・原則」，そして「方法」をしっかり持ち，教材の論理を見抜くことがとても重要になってきます。そして，それを糧として子どもたちが積極的に関われる授業づくりを目指していきたいものです。

2　国語授業の方向は？—論理的に思考する「考える」授業づくりを目指して—

1．論理的に「考える」ために

　多くの国語の授業には，次のような流れが見られます。

　物語の授業の場合，その多くは作品をいくつかの場面に分けるという場面分けから入ります。そして，最初の場面から順番に「〜の気持ちは……」という発問のくり返しによって，登場人物の気持ちをイメージと感覚で読んでいく指導です。

　また，説明文の授業においても段落分けから入り，最初の段落から順を追って「どんなことをしましたか？」「どうなりましたか？」という発問で内容を確認・なぞるという指導です。

　このような限定された一部分の場面や狭い範囲の段落内容を「イメージや感覚」だけの読みで表出したり，「確認・なぞる」という一問一答の授業には，論理的に「考える」という子どもの思考活動の姿は見られません。

　ここに，子どもたちが作品全体の構成，場面や段落のつながりを踏まえた内容（作品を丸ごととらえた読み）を土台として，論理的に考え作品や文章を読んでいく姿を求めていきたいものです。

　今，国語の基礎・基本の習得，国語の力の育成が大きく叫ばれる中で，子どもが論理的に「考える」読みの指導が必要です。この読みとは，作品や文章を丸ごととらえ全体のつながりを踏まえて，作品や文章の細部を読み味わうことです。このような子どもの姿を目指した国語授業づくりを目指していきたいものです。

　以上のような子どもの姿を目指すための一つの授業方法として，「三段階の読み」をしていきます。「三段階の読み」とは，作品や文章全体を大きく三つに分けて，作品や文章を丸ごととらえる読みをスタートとして，その細部を読むことです。次から，その詳細を見ていきましょう。

2.「三段階の読み」の目的

　「三段階の読み」では，作品全体をぶつ切りにしない，作品全体を丸ごととらえた読みの方法として次のようなことを目的としています。

> ①作品や文章を丸ごととらえ，全体から細部への読みを実現する。

　文学作品の読みにおいては，「なぜ，そのようなことが起こったのか」「どうして，そのように変わったのか」というような因果関係をとらえた読みが必要です。そのためには，作品全体のつながりをきちんととらえておかなければなりません。作品を丸ごととらえる読みの重要性はここにあります。

　また，説明文においても同じようなことが言えます。「どんな問題・課題」を「何を例にして」「どのような結論を出し」「その内容からどんなことを主張しているのか」を読むことが求められます。文章全体のつながりをとらえて，その主張を読むことの重要性がここにあります。

> ②作品や文章を大きく三つの部分に分けて読むことで，因果関係や文章の構成をつかみ筆者の意図を読むことを実現する。

　文学作品においては，作品内容の因果関係を読むことは重要なことです。この因果関係を読むために，作品全体を次のように大きく三つの場面に分けて，そのつながりを読み，変容の過程をとらえることができるようにします。

> ①「はじめ」の場面
> 　中心人物と対人物が出会う前の場面・中心人物の状況説明の場面
> ②「なか」の場面
> 　中心人物と対人物が出会って，さまざまなかかわりを持つ場面
> ③「おわり」の場面
> 　中心人物がどのように変容したのか，決着がついた場面

説明文においては，どのような問題・課題に対して，どのような事例を挙げ，どのような結果をまとめとしているか，そしてそこから何を主張しようとしているかを読むことが重要です。
　そのために，文章全体を次のような三つのまとまりに分けて，そのつながり，筆者の意図を読むことができるようにします。

①「はじめ」の部分
　序論・課題提示・話題提示・前書きにあたる内容の部分
②「なか」の部分
　課題・話題に対して，具体的なさまざまな事例から解決を図る部分
③「おわり」の部分
　解決から筆者の主張・要旨の部分

　詩の学習においては，作品を読んで最初に持つイメージを技法やその効果を手がかりとして，より明確にした読みができるようにします。要するに，読後に最初に持った自分の読みは，技法によって作られていることに気づかせていきます。最初のイメージを作るための三つの手立てとして，次のようなことを視点として，最初のイメージ作りができるようにします。

①題名から「問いの文」を作る
　題名をそのまま使って，問いの文を作る。
②「問いの文」の答えを求めて読む
　答えを探すことによって，作品の中に描かれている内容をイメージする。
③自分のイメージを作る
　作品全体から描かれている内容を整理する。

　以上のようにそれぞれの文章を大きく三つの部分でとらえてこそ，作品や文章の全体のつながりを考えその本質に迫る読みを実現させていくことができます。

> ③子ども全員が，作品や文章を簡単に構造化してとらえた読みを実現できる。

　作品や文章を読む学習の基本は，子ども全員が作品や文章の全体像の大体をとらえてその内容を把握できることです。
　文学作品の場合，中心人物がどのような出来事に出合いどのように変容したのかを読むことであり，説明文の場合は，どんな問題・課題をどんな事例を挙げて明確にし，どのようなことを言いたかったのかを読むことです。
　この読みを実現するためには，前述したように作品や文章をぶつ切りにしないで三つの部分に分けて読むことが効果的だと思います。三つの部分に分けるには，子どもがとらえやすいようにあまり厳しい限定基準を設けないようにし，作品や文章によって違いはありますが，次のように大まかにとらえることができるようにします。

〈文学的文章の場合〉
　「中心人物はどんな人か」～「どんな出来事があったか」～「どうなったか」
〈説明的文章の場合〉
　「どんなことについて書こうとしているか」～「どんな事例を挙げているか」～「どんなことをまとめとしているか」

というような作品や文章の全体構造を大まかにとらえます。

> ④子どもが読みの方法となる観点を習得し活用することで自分の読みをつくることができる。

　作品や文章の全体のつながりをとらえた読みを成立させるためには，何を

読まなければならないかを明確にする必要があります。それが，国語の基礎・基本となる「読みの10の観点」です。この読みの観点は，その教材だけでなく，他の教材にも生きる「他へ転移できる力」となるものなのです。次のような内容です。

◆文学作品を読むための10の観点
　①時・場所　②登場人物　③中心人物　④語り手　⑤出来事・事件
　⑥大きく変わったこと　⑦３部構成　⑧お話の図・人物関係図
　⑨一文で読む　⑩おもしろさ

◆説明文を読むための10の観点
　①題名・題材　②形式段落　③意味段落　④形式段落の主語　⑤要点
　⑥３部構成　⑦「問い」と「答え」　⑧文章構成図
　⑨事例（具体と抽象）　⑩要旨（主張）

◆詩を読むための5の観点
　①題名　②リズム　③中心語・文　④語り手　⑤技法と効果

　以上のような読みの観点で作品や文章を分析できる力を子どもたちが習得し，その力を活用して全体のつながりを考えた読みを実現できることが論理的に思考し「考える」国語の学習を目指すことになるのです。

3．「考える」ための手立て

　「考える」という思考活動を授業の中で行い，「用語」「方法」「原理・原則」を活用し思考する授業を目指すために，次のような三点を手立てとした授業づくりを目指したいものです。

①三段階の読みの方向

　物語をいくつかの場面に分けて場面を追って読み，説明文を形式段落ごと

に順番に読む，といった指導ではなく，作品や文章全体を丸ごととらえた読みから，細部を読んでいくという三段階の読みを展開します。

②「間接的な発問」の工夫

人物の気持ちばかりを問うたり，書いてあることをなぞる・確認するだけの「直接的な発問」ではなく，子どもが考えるという思考活動につながるための「間接的な発問」を作ります。

③どんな力を付けるのか

漠然とした活動中心の展開ではなく，その教材の特徴を生かして，どんな力を使って，どのような学習をして，どのような力を付けるか，その流れが分かるようにします。

4．「三段階の読み」の指導過程

「考える」国語授業づくりにおいては，「教材」の論理を重点とした教材研究をスタートとした次のようなことを基本的な考え方としています。

> 「考える」国語の授業づくりは，教材の論理を見出し，その論理を「考える」糧として，「考える」という思考活動によって論理的に読み，その読みを表現に拓いていく言語活動である。

この中で「教材の論理」「『考える』という思考活動」「論理的な読み」「表現に拓く」という点を重視して次ページのような三段階の流れを考えています。

論理的に「考え」思考するために「用語」「方法」「原理・原則」を土台として，作品全体を丸ごととらえる。

文学作品	説明文	詩
・3部構成 ・中心人物の変容 ・因果関係 ・こだわり（主題）	・3部構成 ・問題，課題，話題 ・事例 ・結論・筆者の主張（要旨）	・イメージ ・技法と効果 ・リズム

三段階の読みへ

文学作品	説明文	詩
◆第一段階の読み 〜問いを持つ〜 ・10の観点で読む ・3部構成を読む ・変容の概要を読む	◆第一段階の読み 〜問いを持つ〜 ・10の観点で読む ・3部構成を読む ・題名を読む	◆第一段階の読み 〜問いを持つ〜 ・イメージを持つ ・題名を読む ・技法，リズムを読む
◆第二段階の読み 〜問いの解決のための読み〜 〜因果関係を読む〜 ・逆思考の読み ・アニマシオンゲーム等 ・こだわり，伏線を読む	◆第二段階の読み 〜問いの解決のための読み〜 〜つながりを読む〜 ・まとまりを読む ・事例とまとめを読む ・図表を活用して読む	◆第二段階の読み 〜問い解決のための読み〜 〜イメージの明確化〜 ・約束事を読む ・こだわり（くり返し）を読む
◆第三段階の読み 〜問いの解決と表現へ〜 ・中心人物の変容を読む ・主題を読む	◆第三段階の読み 〜問いの解決と表現へ〜 ・3部構成のつながりを読む ・筆者の主張（要旨）を読む	◆第三段階の読み 〜問いの解決と表現へ〜 ・作品のテーマを読む ・約束事の活用

3 知っておきたい&使える便利なワザ

　日々の教育活動において，さまざまなワザを知っておくことはとても大切なことです。また，そういうワザを知っていて使えることで子どもたちに積極的な活動をさせることにもつながります。

　「ワザ」といってもさまざまなものがあります。いろいろな場によって，さまざまなワザを全て挙げていくことは大変です。ここでは，たくさんあるワザの中から，日々の活動でよく行われる，日々の授業で使えるものに視点を当ててほんのいくつかを紹介したいと思います。

1．無理のない日記を書く活動

　日記を毎日書かせることは，「子どもの様子を知るため」とか「文章を書くことに慣れさせる」といったさまざまな目的でよく行われています。その具体的内容は，「毎日書く」「したことや感じたことを書く」「毎日，朝提出する」ということです。特に，新学期には意気込んで行われます。そして，最初のうちは，一つ一つを丁寧に読んでコメントもしっかり入れていきます。しかし，だんだんと○だけ，あるいは「見ました」等の判を押して返してしまいます。子どもも最初はしっかりと書いてきますが，だんだんといい加減になってきます。

　このようになると教師は，日記を提出させて読むことが大変な作業になってきます。また，子どもも，日記を毎日書くことが苦痛にもなってくるのです。

　このような活動になってしまっていたら，それはお互いに無理をしているということです。毎日，全員の日記にコメントを入れていくことは無理があります。人数が多ければ多いほど難しくなります。子どもだって，毎日だと書くことがないと思うようになり，書きたくなくなってしまうのです。このような苦痛を感じる日記にしないために次のような方法を試してみてください。

●日記は毎日書きません
　月曜日から金曜日までそれぞれ提出する日を決めます。40名の学級であれば毎日8冊の日記が提出されることになります。この数だったらじっくりと読み，丁寧にコメントを入れることができるのです。子どもは，一週間の中で書く材料を見つけ，一つの題材をしっかりと書く余裕を持つことができます。まさに，子どもも教師もゆったりと日記に向かうことができるのです。

●波線を付けていいところを見つけます
　日記を読んでコメントを入れることはとても大切なことですが，それ以上に効果があるのは，日記の中でいいと思われる言葉や表現の仕方，内容の部分に波線を付けて◎を付けてあげることです。毎回子どもは，どこにその印が付いているかを楽しみにします。

2．カードをいつもそばに

　日々の授業の中で「まとめておきたい」「子どもに注意させたい」「メモしておきたい」と思うことはたくさん出てきます。このようなときにすぐに活用できるカードを準備しておくととても便利です。

　そのカードは，八つ切りの画用紙を縦にしてそれを四等分にしたものです。この大きさですと，ちょっとしたメモも作りやすいのです。また，書く文量が多い場合は，カードをつなげて長いカードを作るといいです。ただ，ここで注意しなければならないことは，つなげる枚数を4枚までにすることです。長すぎると掲示するのに困ってしまいます。4枚の長さがちょうど黒板に入るのです。

　授業の中で重要なことをメモにして残したい，次の時間でも使いたいと思うときに簡単に使えますし，子どもの考えを黒板に板書したいときにもこのカードを活用します。子どもの言葉を板書してしまうとスペースが足りなくなったり，次の時間には使えなかったりします。このようなときには，子ど

もにカードを配付して，書かせるようにします。カードにすることで次の時間にも活用できる良さがあります。

3．学習した漢字を使えるようにするために

　新出漢字の学習は，必ずといっていいほど行われますが，大抵の場合は，学んだ漢字を何度も書かせることが主です。漢字のノートに何度も練習させるのが漢字ノートの役割のようにとらえられています。

　このような活動には子どもたちは意欲を見せません。なぜならあまりにも機械的な活動で変化がないからです。また，このような活動で，学んだ漢字が定着し使えるようになるのかというと疑問が残ります。

　学んだ漢字を実際の文章の中で使えるようにすることが漢字学習の大きな目的ではないでしょうか？　漢字を実際の文章の中で使えるようにする方法として次の活動をしてみてはいかがでしょうか。

> 　まず，15マス目の漢字ノートを，見開きで使わせます。そして，学習した新出漢字全てを使って，創作文を書かせます。創作文なので子どもも喜んで書きます。さらに，次のような書くときの約束事をはっきりさせます。
> 　◆提示された全ての漢字を使うこと。
> 　◆書く内容は，想像したことでもどんな内容でもかまわない。自分の好きなことを題材として書くこと。
> 　◆書く量は，2ページ目に入り，どんなに多くても必ず見開き2ページで終わらせること。
> 　◆全ての漢字を使ったことが分かるように使った漢字に赤線を付けること。
> 　◆文章は段落をつけて書くこと。

　評価するときに，赤線が付けられた漢字が間違いなく使われているかを見るようにします。特に送りがな等は注意して見るようにしましょう。

第2章

場面別・つまずき事例で
よく分かる！
指導の要点&技術

授業づくりの基礎にかかわる事例 | 授業全体 | 発問 | 板書 | ノート

1 授業に参加できない子どもがいる

手は膝の上に
置いて聞きますよ！

姿勢をしっかり
しましょうね。

ちゃんと
こっちを見て！

発表はきちんと
手を挙げてします。

……。

　授業に参加できない子ども，そして参加意欲の低い子どもは，どのクラスでも見られるものです。その子たちは，「分からない……。」という言葉と学習に対しての興味が低いことが挙げられます。また，このような子どもは，授業が始まって，すぐにいろいろな注意を受けていることが多いです。例えば「手は膝の上に置いて聞きましょう。」「姿勢をしっかりしましょう。」「発表は手を挙げてしましょう。」といった生活態度的なことの注意を多く受けている子どもです。学習に入る前に学習とは違う生活態度的なことばかり注意を受けたら，誰でもいやになるものです。ある程度のところでは，生活態度の注意を控えるといいと思います。

プロ教師のワザ 1　生活態度的な注意を少なくする

　自分のクラスの子どもたちは，学習に入る前から生活態度的なことで細かく注意を受けていませんか？　よく見る光景で，授業の始めの時間が注意で始まっていることはありませんか？　全員の学習態度を整えてから授業を進めようとするのはよく分かるのですが，子どもの立場にしてみればどんなものでしょうか？

　学習の始めから，学習に関係のない生活態度について多く注意を受けたら，学習に意欲的になれません。他の子どもたちの邪魔にならないことは注意を控えてみると，その子も学習にすんなりと入ってくると思います。

　授業は，内容で勝負です。生活態度のような形態を重視すると注意も多くなるものです。ある程度の態度（他の子どもに迷惑にならない）なら，少しぐらい目をつぶって，授業を始めると子どもは，その子なりの参加意欲が出てくると思います。

　授業の最初に子どもにする話の内容に，生活態度的な注意が多くないかを再度確認してみるのもいいかもしれません。

プロ教師のワザ 2　誰でも答えられる内容の発問から始める

　授業の最初は，誰でも答えられる内容から発問してみてはいかがですか？　例えば，物語の授業であれば「このお話の中心人物は誰ですか？」とか，「この説明文には，どんなことがいくつ書いてありますか？」といった基本的な内容を問い，参加意欲の低い子どもたちに活躍の場を作るのも一つの方法です。

　とにかく子どもは，授業の中で話をしたいのです。少しでも話ができる場があれば，それなりに参加意欲を見せるのです。そして，このような子どもが発表できたら大げさにほめてあげることがさらなる効果を生むのです。

　参加意欲の低い子どもの表現の場を少しでも作ってあげることが，子どもの意欲を高めていくことになります。

授業づくりの基礎にかかわる事例　授業全体　発問　板書　ノート

2　導入がワンパターンで新鮮さがない

〈文学作品なら…〉

①今日は，○場面の～の気持ちを考えてみましょう。
②○場面を音読してみましょう。

〈説明文なら…〉

①今日は，○段落から○段落を読んでみましょう。
②では，○段落から○段落までを音読してみましょう。

!!いつも同じ…

　授業の導入での発問には，次のような内容が多く見られます。
・文学作品の場合：「今日は，○場面の～の気持ちを考えてみましょう。○場面を音読してみましょう。」
・説明文の場合：「今日は，○段落から○段落を読んでみましょう。では，○段落から○段落までを音読してみましょう。」
　毎時間の始めが，いつもこのような発問から授業に入っている状態です。そして，子どもたちは，同じような内容をいつも聞かされているのでほとんど聞いていません。子どもたちが「読んでみたい」とか「どうしてだろう？」というような読もうとする意欲をかき立てることにはなっていないのです。
　このパターン化された子どもへの投げかけから離れ，それぞれの時間ごとの内容に合った，子どもが飛びつくような投げかけから入っていったらどうでしょうか。

プロ教師のワザ1　作品全体を踏まえた読みをする

　導入でパターン化された発問になるのは，どうしてでしょうか？　文学作品の場合は，場面に分けて場面ごとにその内容を詳しく読んでいこうとするからです。また，説明文では，段落の順番にそれぞれの段落内容を読んでいこうとするためと考えられます。

　このような授業の流れがパターン化された授業の流れとなってしまっているのです。いつも同じ詳細な読解を離れ，その作品で何を読むことが大切なのかを考えて，作品全体の読みを踏まえた読みの学習をしていけばいいのです。

　例えば文学作品の場合，中心人物の変容を読んでいくことが読みの大きなねらいですから，「中心人物はどのように変わりましたか？」「どんなことが原因で変わったのですか？」「どうして，こんな行動をしたのですか？」というような中心人物の変容とその因果関係を読んでいくような発問を考えていけば，毎時間同じような発問にはならないと思います。

　また，説明文の場合，筆者はどんな問題を投げかけ何を事例にして，どんなことを主張しようとしているかを読んでいけばいいのですから，「この文章を，はじめ～なか～おわりの三つの部分に分けてみましょう。」「問いと答えを探してみましょう。」「どんな例をいくつ挙げているでしょう。」というような問いを投げかけてそのことを解決していくような授業構成にしていけばいいと思います。

プロ教師のワザ2　題名をそっくりそのまま使って問いの文を作る

　作品全体を丸ごととらえた読みをしていくための方法として，題名をそっくりそのまま使って，問いの文を作ってみるとその文章で何を読んでいけばいいかが見えてきます。例えば，「たんぽぽのちえ」（光村2年）では，「『たんぽぽのちえ』って，どんな知恵？」「『たんぽぽのちえ』って，いくつあるの？」というような問いができます。この問いを解決する読みを目指せば，パターン化された導入にはならないと思います。

3 いい範読の仕方が分からない

　範読のとき，子どもの様子を見てみるといい範読なのかがよく分かります。範読しているときに「子どもがおしゃべりをして聞いていない」「全く違うページを開いている」「ぼんやりとしていて聞いていない」等の様子が見えたら，自分の範読が範読になっていないと思った方がいいです。

　原因は，「読むのが速い」「すらすらと読めていない」「のんびりしすぎている」「途中で止めて解説を入れてしまう」「感情移入が激しい」等が考えられます。

　範読の目的を明確にして，子どもに聞くことの目的を持たせることも大切なことです。また，目的に合わせて範読の仕方を変えていくことも重要になります。

プロ教師のワザ1　目的に応じて読み方を考える

　教師が子どもに読み聞かせしていくとき，「言葉をはっきりさせて，子どもによく聞こえる声でゆったりと……」が一番の基本となります。極端な抑揚を付けたり声が小さすぎたり急ぎすぎると逆効果となります。

　また，範読は，さまざまな目的によって行われます。その目的に合った読み方を工夫することが大切です。

○作品全体を把握させるための範読

　作品の流れを把握できるようにするのですから，句読点に気を付けて言葉をはっきりさせ，淡々と読んでいくといいです。このときに，読む速さも重要になります。遅すぎず速すぎない，普通のスピードで一気に読んでいくようにします。

○内容を詳しく読むための範読

　読む部分が少ないので，その中でも重要な言葉や部分が強調されるように読んでいくといいでしょう。

○情景や様子をイメージ化させるための範読

　子どもたちにいろいろと想像させようという目的ですから，感情移入が強すぎますと先入観を持たせてしまいます。ですから，淡々と素直に正確に読んでいくことが大切です。

プロ教師のワザ2　子どもと交代で読んでいく

　範読の場合は，教師が全てを読んでいきますが，ここに子どもも一緒に参加させることで子どもたちの聞く意欲は変わってきます。

　最初に「これから先生が読んでいきます。でも，途中でみんなにも読んでもらおうと思います。先生は途中で読むのを止めて，誰かを指名しますからその人は，続きを読んでいきます。先生が『よし』というところまで読みます。」と話し，子どもと交代で読んでいくようにすると，子どもと一緒に楽しく読むことができます。

授業づくりの基礎にかかわる事例 | 授業全体 | 発問 | 板書 | ノート

4 個々の差が大きいとき，一斉指導ではそれぞれへのフォローができない

　読みの学習では，深く読めている子どもと基本的なことが理解できていない子どもとがいます。それなのに，授業は教師のねらいのもとで進められていきます。
　理解不十分の子は，「分からない。」「難しい。」「やりたくない。」等の言葉を発し学習内容についていけず取り残されて，授業は理解できている子だけで進められます。教師は，何とかしようと思うのですが，なかなかその方策が見つからず困ってしまうのです。
　文学作品でも説明文でも，学習の土台（読んでいくために基本的な理解しておくべきこと）があります。この土台をきちんと全員で共通理解して，全員を「共通の土俵」に乗せることが大切ではないでしょうか。

全員を読みのための共通の土俵に乗せる

　読みの学習においては，全員の子どもが理解しておかなくてはならないことがあります。その理解が不十分なために次の学習になかなか進んでいけない子どもがいるのです。では，どのようなことを共通理解していけばいいのでしょうか？

○文学作品の場合

・人物をとらえる。

　　「登場人物は誰か？」「中心人物は誰か？」「対人物は誰か？（中心人物に一番関わりが強い人物）」をとらえさせます。

・物語の設定をとらえる。

　　「いつの話か？」「どこでの話？」「季節は？」「時間は？」等をその物語に合わせて取捨選択してとらえさせます。

・出来事をとらえる。

　　「中心人物を変える大きな出来事（事件）」は何かをとらえさせます。

・変容をとらえる。

　　「中心人物はどのように変わったのか？」「～が～によって～する・になる話。」で話の全体をとらえさせます。

○説明文の場合

・文章構成をとらえる。

　　「はじめ～なか～おわり」の３部構成をとらえさせます。

・「問い」と「答え」をとらえる。

　　「問い」と「答え」の段落を見つけさせます。

・事例をとらえる。

　　どんな事例がいくつ挙げられているかを見つけさせます。

　以上が，文章を読んでいくための基本となる観点です。それぞれの観点は，教材によっても変わってきます。その教材で教えることを明確にして，共通の土俵の項目を取り出せばいいのです。

| 授業づくりの基礎にかかわる事例 | 授業全体 | 発問 | 板書 | ノート |

5 ほめ言葉のかけ方が難しい

　ほめ言葉は，子どもにやる気を持たせ，意欲的にさせるとても効果的な方法の一つです。しかし，子どもがほめられているにもかかわらず，素直な喜びを表現できないこともあります。

　「いいわね。」「すばらしい。」「分かりやすくていいね。」「よく発表できたね。」等のほめ言葉は，抽象的で何がいいのか分からず，子どもの素直な喜びには結びつきません。

　また，「みんないいですね。」「姿勢がいいですね。」「背筋が伸びていていいですね。」という言葉は，誰がという限定がなく学習内容とは関係のないことが挙げられ，何をほめられているのか子どもが分かりません。

　さらに，このような言葉を毎回浴びせられることによって，このような言葉に慣れ，感動も喜びも持てずにいるのです。

プロ教師のワザ 1　何がいいのかを具体的に

「いいですね。」「すばらしい。」という抽象的な短いほめ言葉には，ほめる側の心が感じられませんし何がいいのかという具体的なものが分からないので，素直な喜びにはつながらないのです。この何がというものを明確にしたほめ言葉にすることが必要です。

・「～君の今の発言は，登場人物の行動を挙げて，それに自分がどう思ったのかを話していました。とっても～君の思いが分かって良かったです。」
・「この漢字で大切な『とめ』と『はらい』がきちんと書けていて，きれいに，そして丁寧に書けていてとてもすばらしいです。」
・「～さんの話は，〈『問い』と『答え』の段落から考えました。〉と，どこからどのように考えたかが分かる話し方でとても分かりやすいです。」

ほめる言葉をかけるときは，このように何がどのようにいいのかをはっきりさせたほめ方をするといいですね。

プロ教師のワザ 2　学習内容に関連のあることをほめる

「みんな……。」「態度がすばらしい。」「教科書やノートをきちんとそろえて出していますね。」というほめ言葉は，ほめられている人が漠然としていて，学習内容とは関係のないことがほめられています。ほめられるのはうれしいことですが，やはり学習している内容でほめられてこそ，素直な喜びにつながるのではないでしょうか。

・「登場人物～の行動を理由にして，自分がどう思ったのかがよく分かるように話せています。」
・「登場人物～の言葉を取り上げて，どのような思いをしたのかが分かるように書けています。具体例を挙げて書いたところがすばらしいです。」

学習内容に関連した内容をほめることで読みの深まりも期待できます。

さらに，抽象的な言葉をいつも連発してしまうと子どもたちも慣れてしまい喜びになりません。マンネリ化したほめ言葉は止めた方がいいですね。

| 授業づくりの基礎にかかわる事例 | 授業全体 | 発問 | 板書 | ノート |

6 そもそも言語活動がよく分からない，活動あって学びなしになってしまう

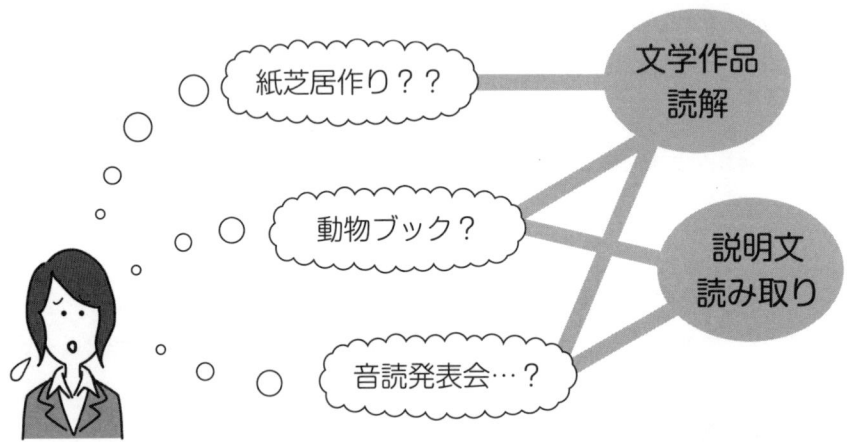

　言語活動と言うと「紙芝居を作って発表しよう」「動物ブックを作ってみんなにお知らせしよう」「読み方を練習して音読発表会をしよう」というように創作したり発表会をしたりということしか思いつかず，ついついその活動を行ってしまいます。

　教科書の学習の手引きにも「～を作ってみましょう。」「～を書いてみましょう。」というような呼びかけでいろいろな活動が提示されていて，それをやらなければいけないのだと思ってしまいます。

　教科書の作品は，場面に分けて場面ごとに「～の気持ちはどんな気持ちでしょう。」と詳細な読解をしてきたのに，説明文では段落の順にその内容を確認してきたのに……活動と読みの学習がつながっていないので，これでいいのかなあ，と疑問に思っています。何をしていくことが言語活動なのでしょうか。

プロ教師のワザ 1　言語活動をきちんととらえる

　言語活動の内容を考える前に，そもそも言語活動は何をねらいとしているのでしょうか。そのことから考える必要があるでしょう。何か作ったりすることを，言語活動ととらえていませんか。

　言語活動には，言語を活用して思考力・判断力・表現力を育成するという大きな目的があります。子どもがさまざまな文章を読んで，言葉を通して思考し（考え），自分なりの考えや読みを持つことができ，そして，それを表現することができるようにしていくことです。この「表現する」という言葉には，読んだり書いたり，そして聞く・話す活動を通した活動が含まれています。

　ですから，授業の中でこのような思考・判断・表現の場を設けて，この中で子ども自身の思考活動を重視していくことが大切ではないかと思います。

プロ教師のワザ 2　読みの学習内容との関連を考える

　単元の最後に活動を設定する場合は，その活動と読みの学習との関連を持たせることを特に大切にします。読みの学習との関連がない活動ですと，読みの学習と活動が切り離されてしまい，何のための活動なのかが分からなくなり，何を学習したのかが不明確になります。

　例えば，最後に「紙芝居を作ろう」という活動を設定した場合は，内容の読みの学習において「このお話の紙芝居を作ろうと思います。何枚の画用紙が必要でしょうか。」と投げかけ，グループで考えさせます。これは，読みの段階で場面分けをさせることと関連します。グループによって，枚数が違ってもいいのです。なぜならば，場面に分ける観点が違うのですから。

　「時」「場所」「季節」「出来事」等で場面分けができることを読みの学習で学ばせ，そして，それを紙芝居作りに生かしていけば読みの学習と活動を関連させることができるのです。そうすることで何を学習させるのか，をはっきりとさせることになるのです。

授業づくりの基礎にかかわる事例 | 授業全体 | 発問 | 板書 | ノート

7 子どもの発言が想定外で授業が思うように進まない

教師：どうして●●はそのようなことをしたのですか。

女子A：どうしてもおばあさんに会いたかったから。

男子：おばあさんを喜ばせたかったから。

女子B：なんでバケツを持ってるの？

教師（心の中）：うん，うん。……えっ!!?

　子どもの発言で想定外のものが出てきて，予定していた学習が進まないで困ってしまうことがあります。例えば，次のような場面で……

　「今日は，登場人物〜はどうしてそのようなことをしたのかを考えてみましょう。」と発問すると「どうしてもおばあさんに会いたかったから。」「おばあさんを喜ばせたかったから。」「なぜ，バケツを持っているの？」「どうして，一人でおばあさんの家に行ったの？」というようなさまざまな発言が出てきます。考える内容に沿った発言ならいいのですが，全ての子どもの発言を大切にしなければと思いすぎると，全く違う方向からの発言にも応えようとしてしまい，授業が全く違った方向へと進んでいってしまいます。

　これでは，授業になっていきません。子どもの発言を受け止めることは大切なことですが，どうすればいいのでしょうか。

プロ教師のワザ① 発問の確認をして考える方向を見直しさせる

　想定外の子どもの発言には，考えなくてはならない方向とは違う内容が出てくることが多いです。これは，教師の発問内容をしっかりと受け止められていないことが原因です。このような場合は，次のことに気を付けてみてはいかがでしょうか。

○発問内容をもう一度，確認する
　発問の内容が何を考え，何を発表しなければならないかを全員でとらえられるようにすることが大切です。

○発問は短く簡潔にする
　教師の発問がはっきりとしていないで，何をすればいいのか分からなくなってしまっていることも考えられます。教師の発問は，短く簡潔にすることが大切です。

○自分の発問を振り返る
　自分の発問は，分かりやすいのかを振り返ってみることも大切です。一つの発問にいろいろなことを付け足し情報が多くなって分からなくしてしまっていることもあります。

プロ教師のワザ② 立ち止まって，その理由を聞いてみる

　子どもの想定外と思われる発言にも，教師が気づかなかったことを発見することがあります。授業の方向とは違う，と頭から決めてしまわないことも必要です。
　想定外と思われる子どもの発言にも一度立ち止まってみることをおすすめします。子どもに「どうしてそのように考えたの？」と，その考えの根拠を聞いてみるといいです。その根拠を自信を持って話せる子どもの場合は，驚く方向を示す場合が多いです。そのとき，根拠を話せない子の場合は，全く違う方向でとらえています。このように，子どもに根拠を聞いてみることで想定外であるかが分かります。

授業づくりの基礎にかかわる事例　**授業全体**　発問　板書　ノート

8　子どもが飽きて騒いでしまう

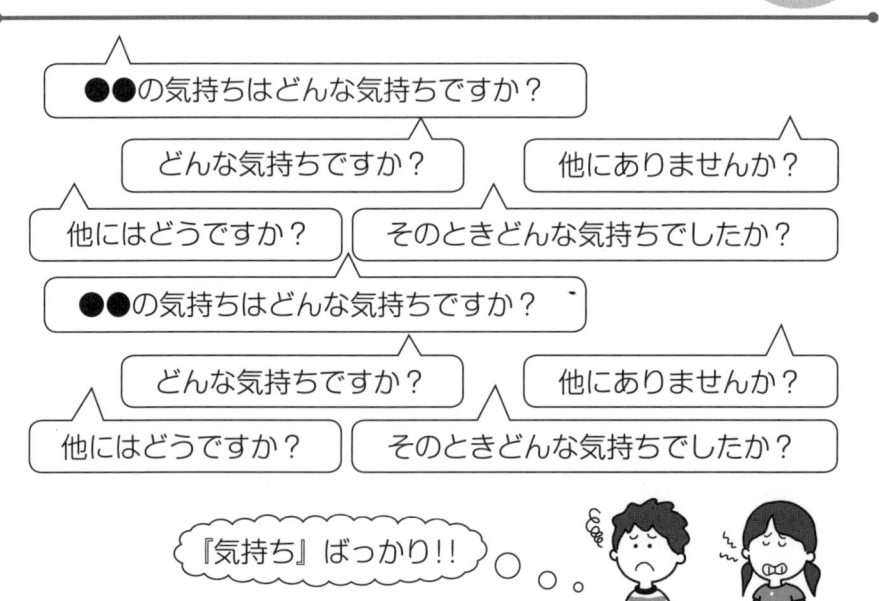

- ●●の気持ちはどんな気持ちですか？
- どんな気持ちですか？
- 他にありませんか？
- 他にはどうですか？
- そのときどんな気持ちでしたか？
- ●●の気持ちはどんな気持ちですか？
- どんな気持ちですか？
- 他にありませんか？
- 他にはどうですか？
- そのときどんな気持ちでしたか？

『気持ち』ばっかり！！

　子どもが授業中に騒ぎ始めるのには，いくつかの原因が考えられます。まず，学習内容が難しすぎてついていけない場合です。この場合は，子どもから「分からない……。」という言葉が発せられます。この言葉によって，今まで黙っていた子どもも触発されて連鎖反応的に「分からない。」が出始めて子どもたちが騒ぎ始めます。

　また，教師の発問が同じような内容がくり返されてつまらなくなって飽きてしまっている場合もあります。例えば，一時間の授業の中で「～の気持ちはどんな気持ちですか？」「他にはありませんか？」という内容の問いかけがくり返された授業では，子どもたちが飽きてしまい授業に参加しなくなってしまいます。

ブロ教師のワザ❶ 「分からない」ことを見直してみる

　子どもが教師の発問に対して「分からない。」を連発したときは、そのままの状態で授業を進めていくと余計に騒ぎ始め、授業にならなくなってしまいます。

　子どもからこの言葉が出たときには、無理に授業を進めていくことをしないでその場で立ち止まって、「分からない」内容について子どもと一緒に考えてみることが必要です。「どこが分からないの？」「何が分からないの？」という問いかけによって、子どもの話をよく聞くことが大切です。そうすることで、教師自身の指示の曖昧さも見えてきます。

　子どもが「分からない。」という言葉を発するときは、そこに大きな課題が残されていることが多いのです。このような場合、まずは立ち止まって子どもと一緒になって、その内容を見つめ直すことが大切です。

ブロ教師のワザ❷ 同じ発問をくり返さない発問を考える

　一時間の授業の中で、同じような指示のくり返しや同じ発問のくり返しばかりだと飽きてしまい、その授業から逃げ出そうとして騒ぎ始めるのです。

　同じような発問のくり返しにならないようにするためには、一時間の中で一つの問題を解決していくような授業を組んでみてはいかがでしょうか。このような方向で授業を考えていくと、同じような発問のくり返しにはならないと思います。例えば、次のような問いを設定してそれを解決させるような流れではいかがでしょうか。説明文「たんぽぽのちえ」（光村２年）を例にします。

　「この説明文には、いくつのたんぽぽの知恵が説明してありますか。」

　この問いの答えを子どもたちに考えさせるとさまざまな答えが出てきます。このさまざまな答えが出てきたとき子どもは、考えたい、読んでみたいという強い思いを持つのです。ここから解決を目指す授業の流れを組んでいけばいいのです。一時間の授業の最初の発問が、子どもの思考をどんどん発展させていけるような内容を考えていくことが大切です。

授業づくりの基礎にかかわる事例 | 授業全体 | 発問 | 板書 | ノート

9 どんな力が付いたのか，振り返りができない

> ●●はどんな気持ちでしたか？

> ●●は△△な気持ちでした！

> あれ？　気持ちが分かることが付けたい力？？

　「どんな力が付いているのか分からない……」。その原因には，何を指導するのか，どんな力を付けるのかがはっきりしないことが考えられます。授業での発問が「〜の気持ちは？」とか「次は，どんなことをしましたか？」というような内容では，付けたい力が明確に示されていません。その気持ちを読むための方法が分かることが読みの力を付けることであるはずです。例えば，動詞を探してその動詞を手がかりとして気持ちを読んでいくというような具体的な方法を子どもに教えるのです。そうすることで，子どもたちは，他の作品でもその方法を使って，人物の心情が読めるようになるのです。
　「どんな力を……」と考えたとき，その力を作品の内容に求めるのではなく，内容を読んでいくための「方法」に重点を置けば，振り返りの観点が明確になると思います。

プロ教師のワザ① 振り返りの観点を明確にする

「どんな力を付けるのか？」が具体的に明確にされている授業であれば，授業後の「振り返り」の観点も明確にでき，振り返りができるのです。

例えば，説明文の意味段落の指導において，内容に照らし合わせた指導をしていくと，書かれている内容だけを追っていってしまいますが，ここで大切にされなくてはならないのが，意味段落に分けるための方法を学ぶことなのです。この方法を習得することが力を付けることになるのです。ここで「問いと答えの関係から意味段落をとらえさせる」とか「主語連鎖（それぞれの段落の主語のつながり）から意味段落をとらえさせる」というように具体的方法を学ばせていけば，振り返りの段階で，何を振り返ればいいのかが明確にされてくるのです。

プロ教師のワザ② 練習教材で振り返りを図る

学習内容の定着を図るための方法として，よく行われるのが「練習教材」を準備してその振り返りをすることです。ただ，この練習教材の場合でも，**ワザ1**で取り上げたように振り返りの観点を明確にすることが大切です。

練習教材を用いる場合，指導内容がしっかりと反映されたものでなくてはなりません。前掲の意味段落の方法を例として考えてみましょう。

意味段落をとらえる方法として指導の観点とした「主語連鎖」と「問いと答えの関係」がとらえられ，その方法を使って実際に意味段落に分けられるかを振り返りの学習とします。実際に学習した教材ではなく，短い説明文を準備してその定着を図ります。練習教材を準備するときは，観点とした二つの要素を含んだ教材であること，また，文章が短くてどの子でも簡単に読める教材であることに留意します。大抵の場合は，すでに学習した教材を使うことが効果的です。学習済みの教材を使うと，全ての子どもが一度読んでいるので，子どもたちは楽に文章を読むことができるからです。

授業づくりの基礎にかかわる事例 | 授業全体 | 発問 | 板書 | ノート

10 「できた」という実感がなく, 達成感がない

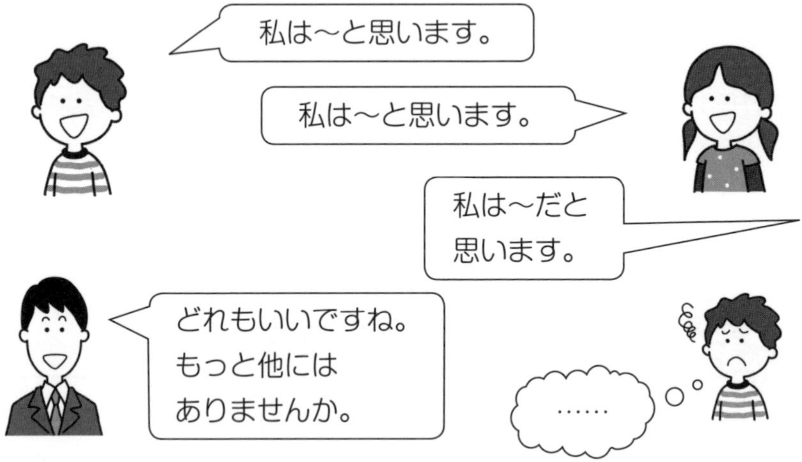

> 私は〜と思います。
>
> 私は〜と思います。
>
> 私は〜だと思います。
>
> どれもいいですね。もっと他にはありませんか。
>
> ……

物語の読みの授業場面で次のようなやりとりが多く見られます。

「〜場面の〜の気持ちは,どんな気持ちでしょう。思ったことを発表しましょう。」「悲しいと思います。」「寂しいと思います。」「ちょっとうれしい。」このやりとりに教師は「そうですね。」「それもいいですね。」「他にはありませんか。」をくり返します。そして,子どもから出てきた言葉を全て受け入れてしまいます。

また,説明文の学習で「要点をまとめてみましょう。」と発問し子どもたちからは,さまざまな要点が出てきて,「他にはありませんか？」をくり返します。そして,答えを一つにできなくて教師が事前に準備していた答えを提示して「この段落の要点は,このようになります。」と答えを示してしまいます。

このような授業に「できた」「分かった」「そうだったのか」という満足感は期待できないのです。だから,子どもたちの心の中にはモヤモヤ感がいっぱいになってくるのです。

プロ教師のワザ❶　答えをはっきりと伝える

　授業の中で子どもたちが満足感や達成感を味わうには，「いいのか」「よくないのか」をはっきりと伝えることが大切です。そして，いいものについては，どこがどのようによいのかを言ってあげます。また，よくないものについては，どこがよくないのか，どこをどのようにすればいいのか……アドバイスを与えると子どもは，自分の何が足りなかったのかを実感できます。

　子どもが疑問に思ったり，できなかったことを明確にしてその解決を指導します。そうすれば，子どもは「分かった」「できた」という満足感を味わうことになるのです。

　国語の授業の多くが「あれもいい，これもいい」と答えを曖昧にしてしまっています。子どもたちに学習の満足感や達成感を持たせるには，しっかりと答えを示してあげることが大切です。

プロ教師のワザ❷　子どもに「問い」を持たせる

　子どもが満足感，達成感を味わえるのは，学習の場において「文章が読みたい」「書きたい」「話したい」「聞きたい」という意欲を見せたときではないでしょうか。この「～したい」という思いは，子ども自身が自分の中に「問い」を持つことから始まります。授業の中でこの「問い」を持つ場面を作り，授業の中でその「問い」を解決させるようにします。そうすると分からなかったことが分かったという達成感，満足感につながるのです。

　「たんぽぽのちえ」（光村２年）を例にして，問いをいかにして持たせるかを具体的に紹介しましょう。題名をそっくりそのまま使って「『たんぽぽのちえ』って，どんなちえがいくつあるの？」というような問いを作ります。そして，この答えを子どもたちに考えさせるとさまざまな答えが出ます。この時点で子どもたちの中に「えーっ，どうして」という問題意識が生まれます。これが子どもが問いを持ったときです。この問いを解決していく授業をすれば目的を持った学習ができるのです。

授業づくりの基礎にかかわる事例 | 授業全体 | 発問 | 板書 | ノート

11 授業時間内に終わらず，「あとは宿題！」となってしまうことがある

＿＿＿＿＿＿＿＿＿＿＿＿＿＿＿＿＿＿＿＿＿＿＿＿＿＿＿＿＿＿ あとは宿題！！

えっ！！！

　授業を進めていく中で指導内容が時間内に終わらなくて，「あとは宿題！」としてしまうことはありませんか。宿題にされて困るのは，教えるべき内容が最後まで終わらずに途中で終わってしまっている場合です。このような場合，教師側の問題と子どもの側からの問題が考えられます。

　教師側の問題としては，授業の中で教えるべき内容が全て終わっていないのに宿題にしてしまうことです。何を指導し子どもに学ばせるかが明確にされず指導内容と宿題が曖昧になってしまっているのです。

　子ども側の問題としては，学習内容が全て終わっていないので宿題にされても何をどうすればいいのかがはっきりしないのです。

　宿題にするには，授業の中での学習内容を子どもが把握できているか，どの程度学習内容を理解しているかを教師が把握できているかを見るために宿題にする，という宿題本来の目的を明確にすることが大切です。

　「学習内容が終わらなかったから宿題にする」という安易な考え方で宿題を出してはいけません。

プロ教師のワザ1　指導内容を明確にする

　授業は，その指導内容を明確にすることが重要です。

　例えば説明文の学習で「要点をまとめる」という学習の場合，大切なことは要点をまとめる方法を子どもたちに理解させ，その方法を使って自分の力で要点をまとめることができるようにすることです。

　この方法を習得させるのが授業の大きな目標になります。もし，この学習が授業の中で終わらないでその残りを宿題にしたらどうでしょうか。宿題にされた子どもたちは，何をどうしていいか分かりません。これでは宿題の意味がありません。「方法を学ぶ」という指導の目標を全て終わらせてから宿題にする必要があります。指導内容をきちんと指導した上で宿題にしなければなりません。

プロ教師のワザ2　宿題の目的を明確にする

　「授業の中で終わらなかったから宿題にする」という安易な考え方の宿題ではなく，宿題の目的を明確にする必要があります。

　先の「要点指導」を例にしますと，まず，授業の中でその方法を学ばせ，その練習として1段落と2段落の要点をまとめることをします。ここまでを授業内容として，その後の段落の要点をまとめることを宿題にします。このようにすれば，「要点をまとめる方法」の理解を見ることができます。また，学習内容の定着を宿題によって見ることもできるのです。

　漢字学習での宿題の場合，授業の中で新出漢字の読み，書き等を中心とした学習を目的とします。全ての新出漢字について授業の中でこれらの内容を指導することが授業の目標となります。これが途中で終わってしまい，後は宿題，とされても何をどうしていいのか分からず宿題の意味がありません。新出漢字の全てを終わらせて，「学習した漢字を全て使って創作文を書く」という宿題であれば，学習したそれぞれの新出漢字の理解と定着を図ることにつながり，宿題の目的も明確になるのです。

授業づくりの基礎にかかわる事例 | 授業全体 | **発問** | 板書 | ノート

12 子どもに指示がうまく伝わらない

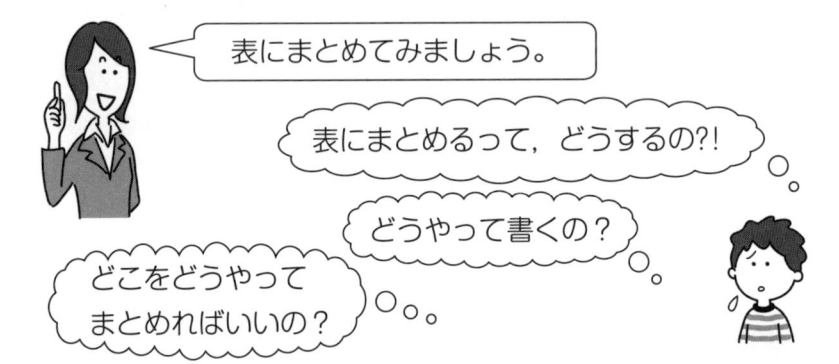

> 表にまとめてみましょう。

> 表にまとめるって，どうするの?!

> どうやって書くの？

> どこをどうやってまとめればいいの？

　子どもに指示がうまく伝わらないのは，「指示が明確でないこと」「その具体的方法を伝えていないこと」が考えられます。

　「文章を音読してみましょう。」という指示をしたときの場合で考えてみましょう。これだけであれば，子どもたちも何をどうすればいいのかがはっきりとして動き出すのですが，この後に「大きな声で読みましょう。」「ゆっくり正確に読みましょう。」「大事なところはどこかを考えながら読みましょう。」というように指示にいくつかの補足を加えてしまっては，子どもたちは何をどうすればいいのか分からなくなってしまうのです。

　また，「表にまとめてみましょう。」というような指示の場合も子どもたちには伝わりません。なぜなら，その具体的内容や方法が子どもたちに示されていないため「表にまとめるって，どうするの？」「どうやって書くの？」「どこをどのようにまとめるの？」というような悩みを持ち活動できなくなってしまうからです。

　指示をしっかりと子どもたちに伝えるには，指示内容を明確にしてその内容を短く端的に伝えることが大切です。

プロ教師のワザ① 指示内容は短く，そして明確に

　子どもに指示をするときは，「何をするのか？」という目的がはっきりと伝わるようにすることです。そのためには，指示内容が明確で短いことが大切です。「音読しましょう。」の指示でその具体を考えてみましょう。

　このとき，一番大きな目的である「全文を音読してみましょう。」を指示として出すのですが，その後子どもに伝わっているのか心配になって，どうしても同じ指示内容をくり返したり，いくつもの補足をしてしまいがちになります。そのときは，指示の補足内容を次のように板書すると指示内容が明確になります。

・指示……「全文を音読しましょう。」
音読するときに次のことを気を付けてみましょう。
・板書……1．読み方が分からない言葉や漢字に線を引く
　　　　　2．読んだけれど自信がない言葉や漢字に線を引く
　　　　　3．自分のペースで読む

というように補足する内容を三つ短く板書して伝えます。ここで大切なのは，補足内容を三つに絞ることです。これ以上の内容を出しても子どもたちには伝わらないのです。大切なことを短く端的に板書して伝えるといいです。

プロ教師のワザ② 何をどのようにすればいいのか，その方法を伝える

　「題名を書きましょう。」「もう少し大きな声で読みましょう。」というような指示が出されることがあります。このような指示には，その内容や具体的方法が示されていないのです。このような簡単な指示は，「子どもたちは分かっている」という教師の思い込みがあり，細かい方法を伝えていない場合が多いのです。

　「一行目の真ん中にくるように題名を書きましょう。」あるいは，「一行目の4マス目から書きましょう。」とか，「もう少し高い声を出してみましょう。」というような具体的な方法を示してあげるといいでしょう。

授業づくりの基礎にかかわる事例　授業全体　**発問**　板書　ノート

13 「主人公の気持ちを考えよう」ばかりになってしまう

教師：2の場面の○○の気持ちはどんな気持ち？

女の子：悲しい気持ち。

男の子：うれしい気持ち。

教師：そうです。それもいいですね。他にはありませんか。

このやりとりが延々と続く……

　物語の授業では，場面分けに始まり場面ごとに順番に読んでいきます。そして，教師の発問は「～の気持ちはどんな気持ちでしょうか？」の連発です。この発問では，子どもたちから出てくる言葉は，「悲しいと思います。」「うれしいと思います。」ばかりです。さらに，困ったことには，この子どもの答えに判を押したように「それもいいね。それもいいね。」とくり返すことです。

　低学年の短いお話であればまだいいのですが，高学年の長い話になると子どもたちはもちろん教師も飽きてきてしまいます。この発問から逃れるには，どうしたらよいのでしょうか。

プロ教師のワザ① まずは，作品丸ごととらえることから

発問

物語の授業で必ず行われる場面分けは，お話全体をぶつ切りにしてしまいます。ぶつ切りにされたお話では，つながりが読めなくなってしまいます。作品は，丸ごと読んでこそ内容を把握できるのです。

まずは，丸ごととらえるためにお話の内容を「～が～によって，～する（になる）話。」という文型で「一文」で読ませることが大切です。「～が」には，その話の「中心人物」を書かせます。そして「～によって」には，その事件，出来事（中心人物が変わる出来事）を書かせます。「～になる（する話）。」には，中心人物がどのように変わったかという「変容」を表現させます。

このような内容で表現させることで，作品内容を丸ごととらえ，物語の因果関係を読んでいくことになるのです。物語の読みで大切なことは，気持ちを勝手に想像していくことではなく，中心人物がどんなことによって，どのような心に変わったのかという中心人物の変容とその因果関係を読むことなのです。

このように物語で何を読めばいいかをしっかりと持っていれば，気持ちばかりを問う授業にはならないのです。子どもたちももっと楽しく物語を読むことにつながります。

プロ教師のワザ② 10の観点で教材研究を

物語の授業で何をどのように読ませるか？　それは，「気持ち読み」ではなく，中心人物の変容を読むことです。そのためには，次のような10の観点で物語の基本をしっかりととらえた教材研究をしていくことが大切です。

①登場人物は？　②中心人物は？　③対人物は？　④出来事・事件は？　⑤変わったことは？　⑥大きく変わったことは？　⑦お話の図を書く　⑧お話の3部構成（はじめ・なか・おわり）　⑨一文で書く（～が～によって，～する・になる話。）　⑩お話のおもしろさは？

以上の観点で物語を分析していきます。特に大切なのは，「3部構成」「一文で書く」ことで全体をとらえるようにすることです。

第2章　場面別・つまずき事例でよく分かる！指導の要点＆技術　51

授業づくりの基礎にかかわる事例　授業全体　**発問**　板書　ノート

14 発問を黒板に書いた方がいいのか迷う

どんなまとまりが
いくつできますか？

意味段落に
分けてみましょう。

書く？？

書かない？？

　「この説明文は、どんなまとまりがいくつできますか？」「意味段落に分けてみましょう。」というような投げかけの際、板書するのか、しなくてもいいのか……と迷うことはありませんか。これは、「発問」と「指示」を混同してしまっているからかもしれません。次のように考えてみてはいかがでしょうか？
　「この説明文は、どんなまとまりがいくつできますか？」は、子どもが何を考えればいいのか、という子どもの思考を促す内容です。これを「発問」と考えます。また、「意味段落に分けてみましょう。」は、子どもが何をどのようにすればいいか、具体的な子どもの活動を示す内容です。これは「指示」と考えます。
　このように区別することによって、「発問」は板書し、「指示」は板書しないということがはっきりとしてくるのではないでしょうか。

プロ教師のワザ　子どもの思考を促す「発問」内容を板書する

　板書は，子どもがその時間で何を学習したかがはっきりと分かり，一時間の授業の流れが見え，それぞれの活動において子どもがどのような思考過程を歩んできたかが分かる板書を目指したいものです。

　一時間の授業の流れが分かり，どのような学習内容だったのかが分かる基本として，板書内容に子どもの思考を促す「発問」を入れましょう。このとき「発問」と「指示」の区別を明確にして「発問」を板書していく必要があるのですが，ここで大切にしなくてはならないのが，「板書は短い言葉で端的に」表現することが求められるということです。このことを具体的な場を設定して「発問」の板書について考えてみましょう。

○「今日は，意味段落に分ける学習をしましょう。」
○「この説明文は，どんなまとまりがいくつできますか？」
　板書１　どんなまとまりがいくつ？
　　※発問内容は，短く端的に板書していきます。
○「段落番号を全て横に順番にノートに書いて，それにまとまりを書いてみましょう。」
　板書２　①②③④⑤⑥⑦⑧⑨⑩
○「このようにまとまりが分かるように線で書いていきましょう。」
　板書３　例：｜①②｜　｜③④⑤｜　｜⑥⑦｜　｜⑧⑨｜　｜⑩｜
　　※段落番号を板書して，まとまりをどのように書き表すかを具体的に示す板書をします。
○「できたまとまりを発表してもらいます。」

　子どもの発言を聞きながら，それぞれの考えを「例」の下の方に板書していきます。これが子どもの思考を板書することになります。そして，子どもたちのさまざまな考えが表現された板書ができます。これをもとにして話し合いを進めていきます。板書には，何をどのようにすればいいのかという方法を示し，考える方向を端的に短く表現していくことが大切です。

| 授業づくりの基礎にかかわる事例 | 授業全体 | 発問 | **板書** | ノート |

15 書いているうちに黒板が足りなくなり，消すに消せず困ってしまう

> 子どもに見えるように大きく！

> たくさんのことを板書しないと…

> 子どもの考えは全部書かなくちゃ…

> 板書は消さないようにしよう。

> 足りない…！

　板書するときの教師の思いとして「たくさんのことを板書しなくては」「子どもの考えは全て書かなくては」「子どもに見えるように大きく書かなくては」「板書したことは消さないようにしよう」というようなことが挙げられます。

　どれも板書するときにはとても大切なことなのですが，これを全てやろうとすると黒板が足りなくなってしまうのは当然です。授業での指導内容を整理して，何をどこにどのくらいの量で書けばいいのかという板書計画をきちんと立てておく必要があります。

　この板書計画がきちんとできていれば，書くべきことと書かなくてもいいことがしっかりと区別され，一時間の授業の流れが分かる授業計画と合った板書ができると思います。

プロ教師のワザ 1　板書計画をしっかりと立てる

　授業に入る前には教材研究をします。教材研究では，教材の内容の分析と，何を指導してどんな力を子どもたちに付けるのかを明確にしていきます。この教材研究と平行してやっておくことが板書計画です。どのような内容をどこにどのくらい板書すればいいのかをはっきりと計画しておくといいでしょう。

　教材研究をしていくときにはノートにその分析を書いていきます。このノートを活用して板書計画を立てるといいでしょう。ノートの場合は，見開きページを使います。また，Ｂ４判の大きさの紙を使ってもいいです。どちらも一目で全体が分かるようにして，その平面を黒板に見立てて板書計画を立てると見やすく分かりやすい計画になります。

　どこにどのような指導内容をどのくらい板書するのか，子どもの考えをどこに書くかなどの計画を細かに書き込んでおくといいでしょう。子どもの考えを板書するスペースとしては，どのくらいのスペースに書かせるかを吹き出しや枠を付けてその場所をとるようにしておくといいでしょう。

プロ教師のワザ 2　板書内容は簡潔に，そしてカードの活用を

　黒板のスペースが足りなくなってしまう原因には，「板書の文字が大きすぎる」「全てを板書してしまう」等が考えられます。

　このような問題に対しては，カードにまとめたもの，あるいはその場でカードに書きそれを掲示するようにします。カードを活用することで板書の時間の短縮にもなりますし，カードにしておくことで次時の学習にも活用できるという良さも生まれます。また，カードの活用は，文字の大きさも統一できて板書のスペースを計画的に使えるという良さもあります。

　さらに，板書の量については，子どもたちの発言にしても指導内容にしても全ての内容を書いてしまうのでスペースが足りなくなってしまうのです。書く内容の重要語句を取り出して簡潔に板書するようにします。簡潔に板書する方法として「体言止め」にするという方法も使ってみるといいでしょう。

授業づくりの基礎にかかわる事例　授業全体　発問　**板書**　ノート

16 子ども参加の板書のさせ方が分からない

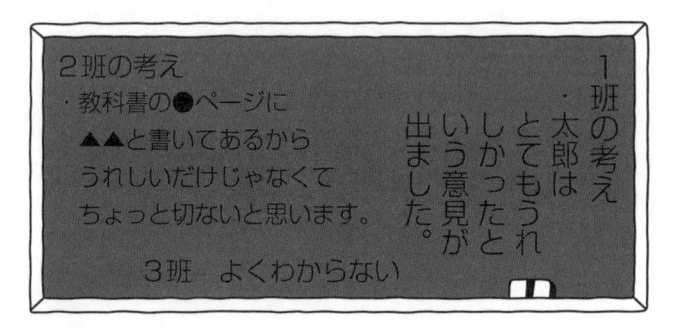

```
2班の考え                    1班の考え
・教科書の●ページに         ・太郎はとてもうれ
　▲▲と書いてあるから         しかったとい
　うれしいだけじゃなくて       う意見が出
　ちょっと切ないと思います。    ました。
            3班　よくわからない
```

板書計画が…！！

　授業の中での板書は，教師が書くものだという考え方も多いですが，子どもも板書に参加するという考え方も大切です。子どもが板書に参加すれば，もっともっと授業に積極的になれると思います。

　しかし，子どもに板書させると「書く場所が大きくなってしまう」「時間がかかってしまう」「文字が小さすぎて，よく見えない」「文字が大きすぎて場所をとってしまう」等の悩みが出てきます。

　このような悩みが出てくると子どもの板書が少なくなってしまい，子ども参加の板書からどんどん遠ざかってしまいます。

　子どもたちの発言は，発表するだけでなく板書することでどんどん内容がふくらんでいくと共に考えの深まりも出てきます。子どもたちの思考の場としても子どもの板書参加は大切な役割をしてきます。

プロ教師のワザ1　書く場所を指定し書く内容をはっきりとさせる

　子どもに板書をさせる場合に困ってしまうのが，スペースが足りなくなってしまうことです。子どもたちは「書いてごらん。」という指示だけでは，どこにどのくらい書けばいいのかが分からないので，大きくなったり小さすぎたりということになってしまうのです。

　どこにどのくらい書けばいいのかをはっきりさせて書く場所を指定するといいと思います。具体的には，子どもたちに書かせたい場所に吹き出しや枠を書いて，その中に書くようにさせます。この吹き出しや枠を設けることで板書計画にも影響が出ないのです。

　また，ノートに書いたことを全て書かせるとスペースが足りなくなってしまいます。このようなときは，ノートを見て書かせたい部分を指定してその部分を板書させるようにします。このようにまずは，自分のノートに書かせてから板書に向かわせると板書内容も精選できると思います。

プロ教師のワザ2　カードや短冊黒板の活用を

　子どもたちを板書に参加させると，前述したスペースの問題だけでなく，チョークで書くことに時間がかかったり文字が大きすぎたり……とさまざまな課題が出てきます。このような課題を解決してこそ，子ども参加の板書が効果的に機能するのではないでしょうか。

　その方法として，黒板に直接板書させるのではなく，カードや短冊黒板に書かせるという方法を使ってみてはいかがでしょう。

　カードや短冊黒板を配付して，子どもたちの考えを書かせます。このカードや短冊黒板に書く道具は，チョークではなくサインペンですから，子どもにとっては書きにくいチョークではないので，書くのにも時間がかかりません。そして，子どもが書いたカードや短冊黒板を黒板に掲示すれば，子どもの考えを簡単に黒板に反映させることができます。これは，どの子も参加できる子ども参加の板書の工夫としておススメです。

授業づくりの基礎にかかわる事例 | 授業全体 | 発問 | **板書** | ノート

17 気づいたら，板書が短冊だらけ……

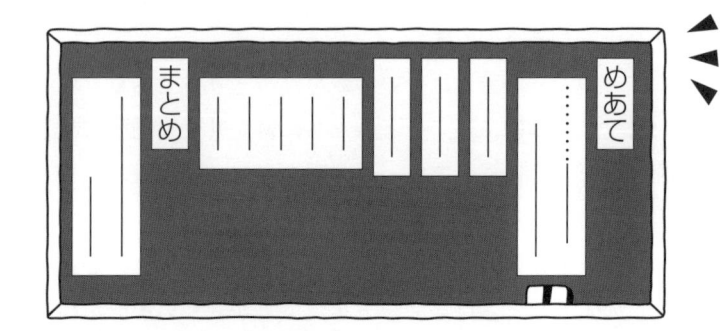

（板書図：「まとめ」「めあて」などの短冊が貼られた黒板）

（吹き出し）他にはありませんか？　他にはありませんか？　他にはありませんか？

　授業後の板書を見ながら授業を振り返ってみますと，板書内容のほとんどが短冊（カード）になっていて，自分で書いた文字がほとんどないという状況は見られませんか。ひどいときには，題名までもカードに書いてそれが貼ってあるということはありませんか。

　板書したい内容をカードにすることはありますが，ほとんどをカードにしてしまうと授業の中での発問が，「他にはありませんか？」という言葉が多くなってしまうのです。なぜなら，すでにカードに書いている内容を子どもたちから出させたいために，その言葉が出てくるまでこの言葉が続けられるからです。まるで，カードに書いた内容を当てっこするだけの授業となってしまうのです。

　どんな内容をカードにすれば，どんなカードを作れば，カードだらけにならないのでしょう。

プロ教師のワザ1　その時間だけの内容を短冊（カード）にしない

　短冊だらけの黒板になるのは，指導したい内容や子どもたちから導き出したい考えを全て短冊に書いてしまうからです。確かに短冊にしておけば，時間の短縮にはなりますが，板書内容は，計画していることとそのときの子どもの反応を書くことがほとんどです。これらの内容を全て短冊にしていたらその時間内の子どもの反応は板書しないことになります。できるだけ短冊にする内容を精選しておくことが大切です。

　短冊にすることは，「その時間で習得させたい重要な内容」，そしてその内容は，「次の時間にも活用するもの」「単元全体に関連のある内容」に絞ります。また，子どもから出させたい内容は，短冊にしないで，その場その場で子どもの発した生の言葉で板書していくようにしましょう。そして，できるだけ板書のほとんどが直筆の文字になるようにします。

　このように短冊にする内容と自分で書く内容をはっきり区別して板書計画を立てたいものです。そうすれば，「他にはありませんか？」をくり返す発問も少なくなっていくでしょう。

プロ教師のワザ2　カードの大きさを考える

　短冊だらけの黒板にしないためには，短冊の大きさを考える必要があります。大きすぎると，たとえ短冊の数が少なくてもいっぱいになった感じを与えてしまいます。

　そこで短冊の作り方を工夫してみてはいかがでしょうか。

・八つ切りの画用紙を縦長にして，それを四等分にします。すると1枚の画用紙から4枚のカードができます。この幅と長さがとても良くて，いろいろな活用ができます。
・このカードをつなぎ合わせてさまざまな長さの短冊ができます。

　短冊には，二行までの文量を入れることができ，この短冊を4枚縦につなげると黒板の縦の幅にちょうどの長さになります。活用してみてください。

授業づくりの基礎にかかわる事例 | 授業全体 | 発問 | 板書 | **ノート**

18 どうしても字がきれいに書けない子どもがいる

> よく見て丁寧に書きましょう。

> もっと丁寧に書きましょう。

テイネイニーテイネイニー

丁寧に書いてるつもりなんだけど…

　文字が丁寧に書けない子どもは，どのクラスでも見られ「よく見て丁寧に書きましょう。」と教師は言葉がけをします。また，「もっと丁寧に書きましょう。」と子どもたちのノートにも書くことが多いです。
　このような子どもの書いているノートには，次のようなことが共通して見られます。
　・文字の一画一画がいい加減に書かれている。
　・文字の大きさがばらばらである。文字の終筆が止めてある文字が多い。あるいは払っている。
　・筆圧がない。
　これらの共通点に「よく見て書きましょう。」という指示は，いかがでしょうか。この指示が曖昧で子どもたちは，いままで通りの文字を書いてしまい，どんなにたくさん書いても同じ文字をくり返して書いてしまうのです。子どもたちがきれいに書こうと思えるようにするためには，その具体的方法が示されなければならないのです。

プロ教師のワザ① ノートの工夫と文字の大きさに目を向けさせる

　どんなときでも文字を丁寧に書かせたいという願いは，教師であれば誰でも持っています。しかし，全ての場でそれを求めるのは，なかなか難しいものです。だから，文字を書かせるときの基本として，文字を丁寧に書かせたいのであればゆったりと書く時間が必要です。また，急いで書くことを求めるのであれば，丁寧さは求めません。その見極めをしっかりと持っておく必要があります。その上で，文字を丁寧に書かせる基本として，さまざまなことがありますが，まずは書く環境（ノート）を整えてみてはいかがでしょうか。

　低学年は，ほとんどがマス目のノートを使っていますが，そのマス目が大きすぎませんか？　また，中学年や高学年では，縦罫線の入ったノートを使っていませんか？

　低学年では，15マスのノートを使うとよいでしょう。この大きさのマス目ですとちょうどいい大きさの文字になりますし書く量も十分です。また，中・高学年のノートであれば5ミリ方眼のノートを活用してみてください。方眼になっているので，書く量に合わせて文字の大きさを変えられますし，マス目を利用すれば文字の形も考えて書くことができます。このように，書くことの環境であるノートを整えることから始めてみてはいかがでしょうか。

　さらには，文字の大きさと形に注意できるようにします。文字の整え方として「漢字はマスいっぱいに書き，平仮名は漢字より小さめに書く」「横画の線は，右上がりに書く（ただし，右上に上げすぎないように注意する）」，この二つのことを注意できるようになると文字をきれいに書こうという意識が出てきます。

　以上のことは，文字指導の基本です。本当は，もっともっと基礎的活動から入っていくのがいいのですが，ここではまず，この二つをやってみてください。文字を丁寧に書くことのスタートは，1年生の入門期が大切です。そして，この時期での指導が後の学年に生きていくのです。この時期は，ぬり絵を通した指の動きから練習をさせていきます。この基礎訓練が大切です。

▼低学年のノート

▼高学年のノート

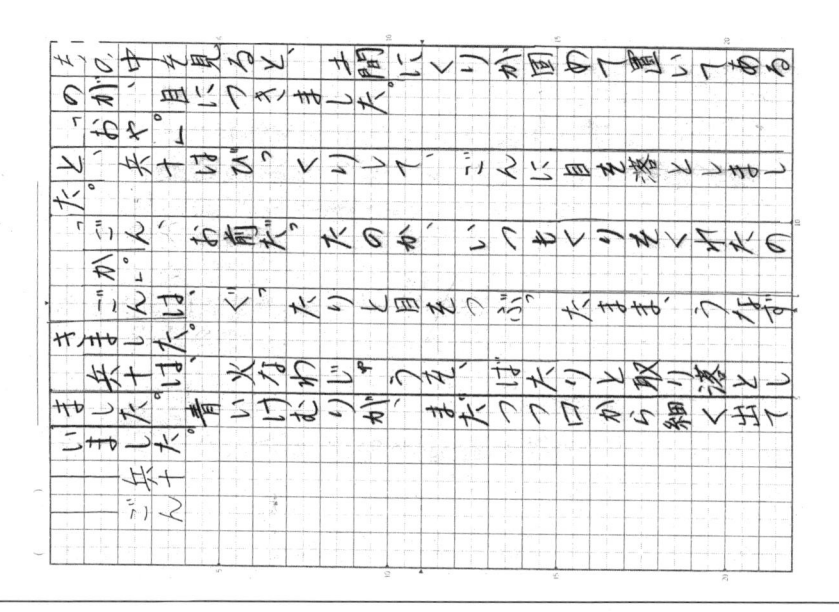

19 視写のさせ方・視写を取り入れる タイミングが分からない

――視写活動

- 全文を視写させればいいの？
- どのように書かせればよい？
- どんなときに視写させれば？？
- どこで行を変えるの？
- 教科書の文字数とノートが合わない！

　子どもたちに視写をさせることは，文章の細部を読んでいくためにも大切な活動です。視写は，文章を書き写すという簡単な活動のように見えますが，「全文を視写させればいいのか？」「どのように書かせればいいのか？」「どんなときに視写をさせればいいのか？」など，悩むことも多い活動です。

　また，子どもたちの悩みとして，「ノートのマス目と教科書の文字数の違いがあって，教科書の文字数に合わせて視写をすればいいのかが分からない」「どこで行を変えればいいのかが分からない」等の問題があります。

　「ノートにこの文章を書き写しましょう。」という教師の活動指示だけでは，子どもたちは上のような悩みを持ち，自分から進んで視写に取り組むことができないのです。また，視写の目的がはっきりしていないので視写はしたけれど，その後どのように使うのかが分からなくなってしまいます。

　視写の方法を伝え，その目的を明確にすることが求められます。

プロ教師のワザ1　まずは，視写の方法を共通理解させる

　視写の活動を進めていく際に重要なことは，子どもたちがどんなところで改行すればいいのか，会話文はどのようにして書くのか，というような視写の方法を明確に与えることです。そのためには，視写の約束事を作ることです。例えば，次のような五つの約束を共通理解します。
①「●：行を変えて一マス空けて書く」　②「◎：一マス空ける」　③「△：行を変えるが一マス空けないで書く」　④「○：句読点やカギ括弧」　⑤「〉―〈：一行空ける」

　この記号を今度は，書画カメラを使って，子どもと一緒に教科書に付けていきます。そうすると「●」〜「●」までは，ノートのマス目に合わせてどんどん書いていけばいいことがはっきりしてきます。

　このように視写の約束を全員で共通理解すれば子ども自身が進んで取り組める視写活動ができます。

プロ教師のワザ2　視写の目的をはっきりさせる

　視写の活動は，文章の部分を視写させる場合と文章の全文を視写させる場合がほとんどです。それぞれの目的は違ってきますので，視写の方法も変わってきます。

　文章の全文を視写させる場合は，どのような段落構成になっているか，どのような内容が書かれているのかを読み取る方法の一つとして行います。特に，低学年の場合は，この全文視写によって，段落意識，句読点の打ち方，文字の練習等を兼ねる目的で行います。

　高学年の場合は，文章量も増えてくるため全文視写はなかなか難しい活動になりますので，読み取りを深めたい，その場面でじっくりと考えさせたい，というように授業の中で中心となる文章や場面を切り取って視写をさせます。その場合，句読点や記号は重要な働きをしますので特に注意が必要になります。目的に合った視写をさせましょう。

授業づくりの基礎にかかわる事例　授業全体　発問　板書　**ノート**

20 視写のスピードがバラバラで上手に取り入れられない

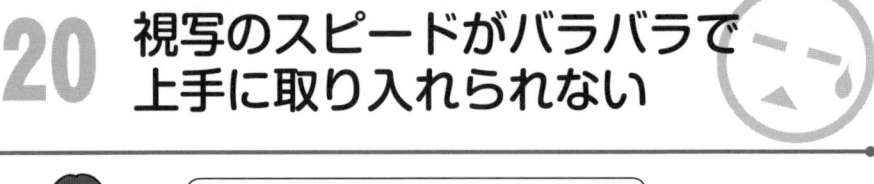

> それでは視写を始めましょう。

うんうん。

遅れてるな…。

ええっ！？

できた！

まだ半分…。

どこを書くんですかー？

　視写の活動で大きな問題は，視写のスピードに個人差があって，なかなか全体がそろわないことです。この問題は，何をどのくらい視写させるかがはっきりしていないことが原因の一つに挙げられます。

　例えば，文章の全文を視写させようとする場合は，十分な時間を取ることです。文章量を考えて，時間を設定することが重要となります。低学年の場合は特に時間がかかりますので，一時間で終わらない場合は，宿題にすることも考えられます。この場合，全員がしっかりと視写できるようにするために宿題の期間を少し長くしてあげることが大切です。

　また，授業の中での部分的な視写については，全員が同じようなスピードで書けるようにする工夫が必要となります。書く文量がそんなに多くないので，工夫次第では全体が同じようなスピードで書けるようになります。

　とにかく，視写は目的に合わせて急がずに全員ができるようにしたいものです。

プロ教師のワザ1　早く終わった子どもへの手立てを持つ

　視写のスピードの個人差は，必ず出てきます。特に視写の文量が多ければ多いほどこの個人差は大きくなります。

　前述のように宿題にする場合は，十分な時間を取ることも一つの方法ですが，一時間の時間内で行う場合，早く終わった子どもの対処が重要となります。

　早く終わった子どもには，「19　視写のさせ方～」で取り上げた「視写の約束事」をもとにして約束事はきちんとできているかを見直しさせます。ただ見直しだけを求めるといい加減になってしまうので，教科書に付けた記号がノートにきちんとできているか，視写した文章に赤鉛筆で視写記号を付けさせます。

　もし，違っていた場合は，消して書き直すのは大変な作業になってしまいますので，間違ったその部分に赤鉛筆で訂正させます。

　このような活動をさせることによって，より正確な視写を目指すことにつながるのです。

プロ教師のワザ2　唱えながら教師と同じスピードで書かせる

　一人一人の子どもに，書くスピードを付けるためには授業中の小さな書く活動が重要になってきます。

　その具体的方法として，書かせたい文を教師と同じように声に出してから書くようにして，書くスピードが同じようになるようにします。例えば，「生き物であるイヌの様子をよく観察して，そっくりな動きをするように工夫して作ってあります。」という文を視写させたいときで考えましょう。

　まずは，教師が「生き物である」と声に出して読みます。続けて子どもたちも同じように声に出して読んでから一緒に書き出します。続けて同じように「イヌの様子を」と同じように続けて声に出して読んでから書きます。この活動をくり返していきます。このようにしていくことで教師と同じスピードで書くことになり，大体の書くスピードが同じになります。

授業づくりの基礎にかかわる事例　授業全体　発問　板書　ノート

21 「ノートを見ても何を勉強しているのか分からない」と保護者に言われてしまった

> 子どものノートを見たのですが何をやっているのか分からないんですけど，大丈夫でしょうか？

（ノート指導，意識していなかった…！！）

　まずは，子どもの書いたノートを見てください。次のようなノートになっていないでしょうか。
- ワークシートだけで授業をしてしまって，子どもが実際に書いた文字がほとんどなくワークシートだけが貼ってあるノートになっていませんか？
- 子どもの考えや思いが表現されないで，黒板を写しただけの内容になっていませんか？
- 漢字の練習や言葉の意味調べだけのノートになっていませんか？
- 前時の学習とのつながりが見られますか？
- 今日の学習で何を学んだのか，学んだことの内容が分かりますか？

　ノートには，今日学んだことや子どもが授業の中で考えたこと，そして前時とのつながりが見えることが大切です。授業の中で何を書かせ，どんなことをノートに残すのかを明確にした授業を考えたいですね。

プロ教師のワザ❶　何について学習したのか，そのタイトルを書かせる

　何を学習したのかが分かるノート作りをするためには，まず学習した内容が分かるようにそのタイトルを書かせるといいでしょう。例えば，物語の学習で物語の設定を学習する場合，

　「◆登場人物は？」「◆中心人物は？」「◆場所は？」「◆時間は？」……
というようなタイトルをノートに書かせます。このタイトルを書くだけでその時間で何を学習したのかがはっきりと分かります。

　そして，それぞれの項目について自分の考えを書かせます。その考えをもとにして授業を進めていきますが，そのとき自分の考えに足りなかったことや間違っていたものについては，赤鉛筆で書き足していきます。このとき，自分が書いたことが間違っていても消すようなことはさせません。自分の考えは残しておくようにさせます。そうすることで，タイトルに対してどのような考えを持っていたのかが分かります。また，学習の場にいなかった人（保護者）もノートを見ただけで何を学習したのか，何を読めばよかったのか，どんな考えをしていたのかも明確に分かります。

プロ教師のワザ❷　大切な部分は四角囲みで

　何を学習したのか，その内容が次の学習に生かせるようにするためには，その時間で重要なことを四角囲みではっきりと分かるようにノートに書かせます。例えば，「中心人物」であれば，

```
― 中心人物 ―
  お話の中で心が一番大きく変わった人のこと
```

というように書かせます。赤鉛筆等で書かせるとより明確になります。このように重要な部分は，全員がはっきりととらえられるようにしっかりとノートに書かせておきます。そうすることによって，次の学習にも生かせるようになるのです。

▼低学年のノート

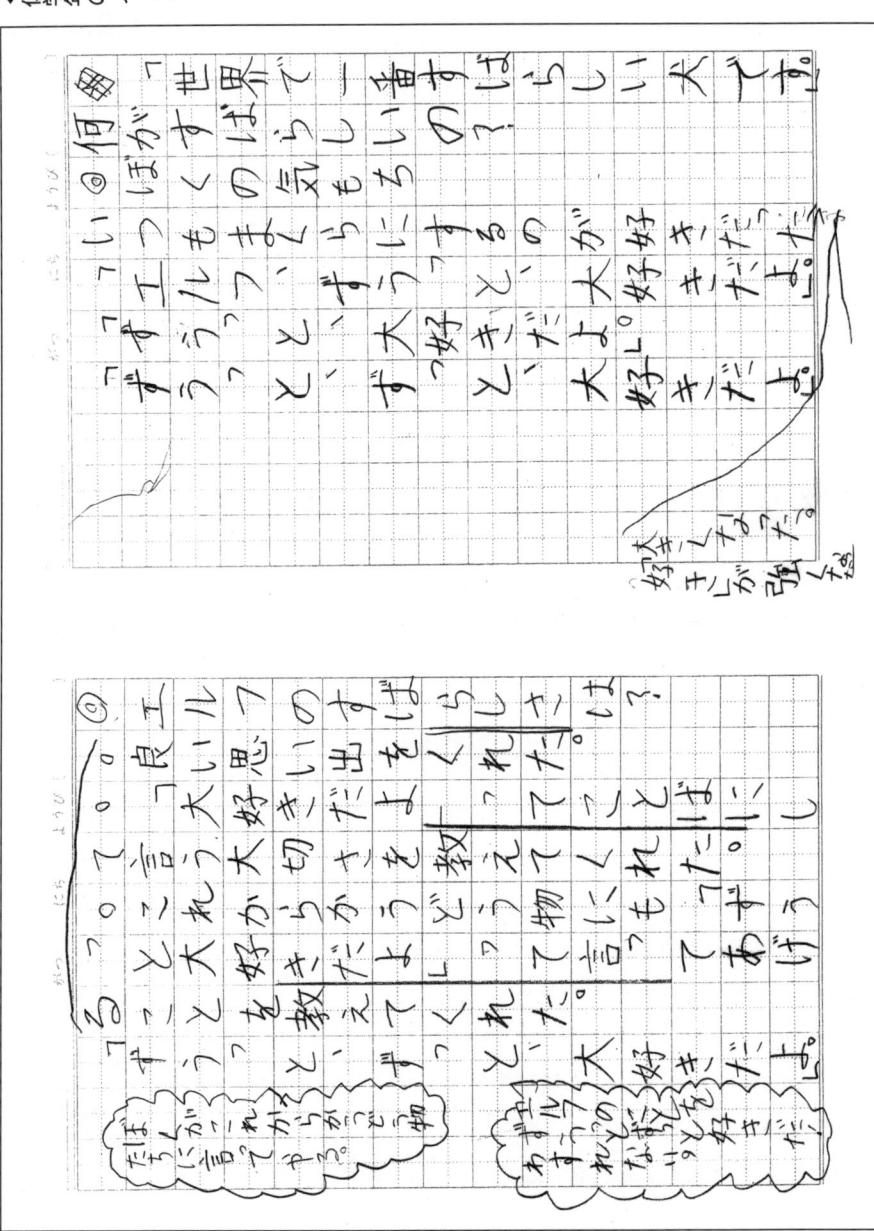

①何冊かずつエプロンをつくらすばらしくてすばらしく世界一気もちがいい一番すきすき大すきキラ好きでよ大好きダダだよダだよ

好きしすきが強いだろ

②プロローグ
エプロン良いコアニメ言うこと大すきだれっ大好きが大切だからキよきだよだれか好きだれっキよえ物が出すごく教えてくれらしくだけだ教えてよあげよキラッぷれっ大好きよ好きキはじ？

ほしがる言ってダメプれっ好きのダだかるがプだ友

キラッぷすきれのなかのキ好はキよキはじ！

▼高学年のノート

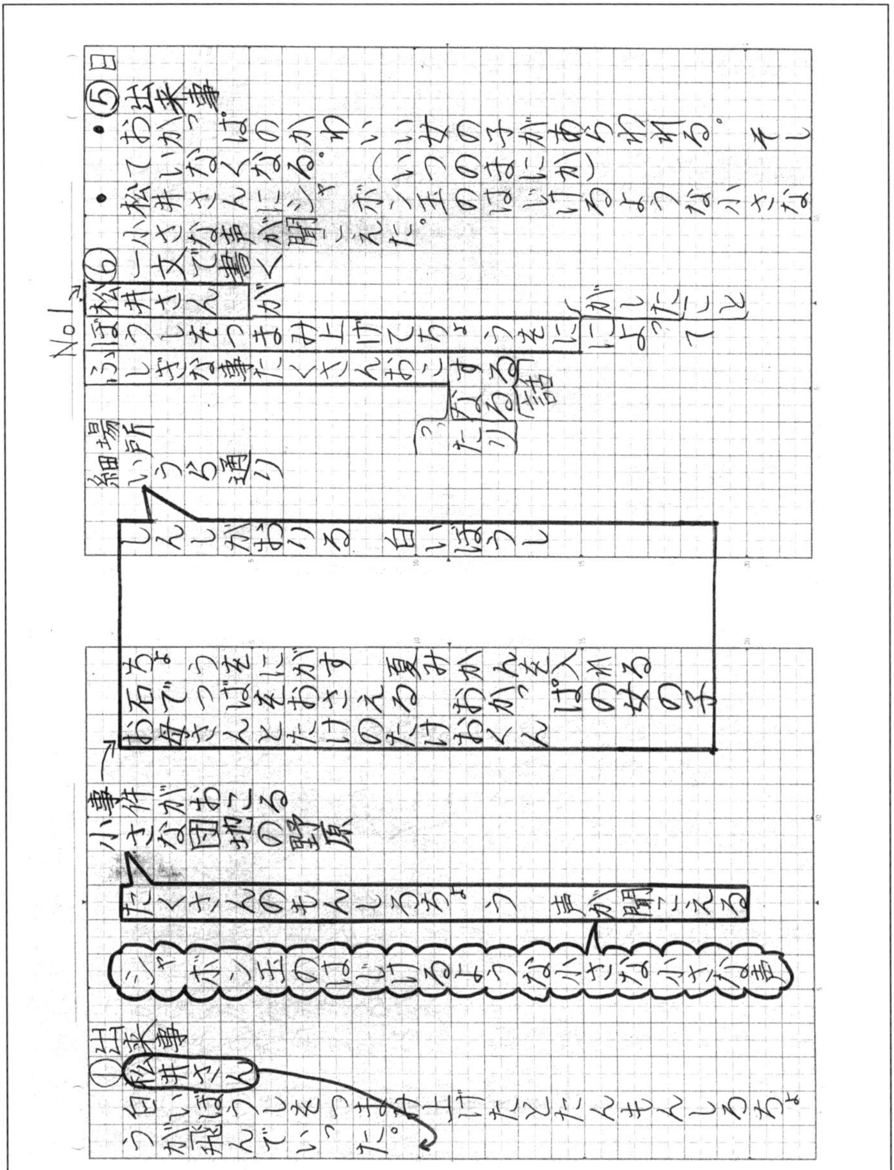

授業づくりの基礎にかかわる事例 | 授業全体 | 発問 | 板書 | ノート

22 ワークシートをメインに使っているが……

> それではまずワークシートを解きましょう。

シーン…

テ，テスト…？

　子どもたちのノートを見るとそこには，ワークシートが貼ってあるだけのノートになっていませんか？　子どもが実際に書いた文字が多く見られますか？　子どものノートを見るとワークシート中心の授業か，そうでないかがとてもよく分かります。

　ワークシート中心の授業だと授業もその流れがパターン化してしまいます。ワークシートを配って，まずは自分で解きます。そして，その後は答え合わせをするという流れになります。ここまでの子どもたちの動きは，まるでテストと同じですね。

　これでは，子どもが仲間と一緒に学び合ったり，仲間と一緒に解決を図ったりすることがありません。学習は，仲間と一緒に学び合うことが大切です。

　また，ワークシートだけの学習ですと枠の中だけを埋めることが目的になりますので，単語だけを書き出すことだけで終わってしまい，文章全体のつながりを考えた思考をしなくてもすむのです。

プロ教師のワザ　ワークシートの内容をノートに書かせる

　ワークシート中心の授業は，授業計画を立てる際にワークシートを作って，それを書かせることを先に考えてしまうので，授業も機械的になってくるのです。授業計画は，どんなことに気づかせ，学ばせ，どんなことを習得させるかを考え，それをどんな活動で行うかを考えることが大切です。

　ワークシートを作ることは，授業で習得させたい内容を明確にするという良さはありますが，これだけでは授業が単調になってしまいます。そこで，ワークシートの内容を教師が板書し，子どもたちにもノートに書かせることを大切にするとよいでしょう。

　作ったワークシートを印刷しないで，その内容を授業の中で板書したり，子どもにノートに書かせたりするのです。ですから，これまで作って使っていたワークシートを，板書計画にすればいいのです。

　表にまとめて整理する学習のときは，よくワークシートを使います。このときのワークシートには，表の枠が書かれさらには，縦軸の項目と横軸の項目が全て書かれています。おまけに，表の中の一部分にはすでに言葉が入れられているものもあります。子どもたちは，空いているいくつかの部分に言葉を入れるだけのものになっているものもあります。これでは，いくつかの穴埋めをするだけの授業になってしまいます。

　このような表に整理する学習においては，ワークシートを作らずに表の枠を板書して子どもたちにもノートに書かせます。そして，表の縦軸の項目も横軸の項目も子ども自身に考えさせ，書かせるようにしていきます。

　ワークシートの内容は，教師の教材研究，あるいは授業計画，そして板書計画，子どもの活動というように考えて，印刷して子どもには配らないようにするとよいと思います。

　また，教科書にない詩を教材とする場合もワークシートを活用しますが，この場合も詩全文を板書しながら子どもにもノートに書かせるようにするといいですね。とにかくワークシートの内容を板書すればいいのです。

授業づくりの基礎にかかわる事例 | 授業全体 | 発問 | 板書 | **ノート**

23 写すだけのノートから自学ノートへのレベルアップ方法は

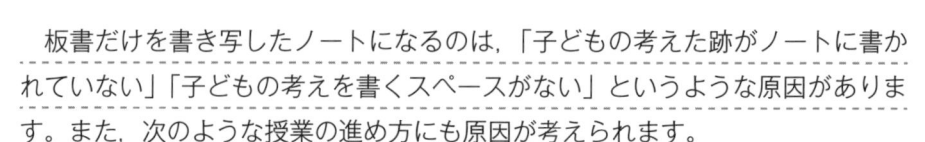

> ま，まるうつし…。

　板書だけを書き写したノートになるのは，「子どもの考えた跡がノートに書かれていない」「子どもの考えを書くスペースがない」というような原因があります。また，次のような授業の進め方にも原因が考えられます。

・「ごんは，どんなつぐないをしましたか？」という発問の後に，すぐに子どもに答えを求めてしまっていませんか？　そして，子どもから出てくる言葉をそのまま板書していませんか？

・「〜について考えてみましょう。」という指示に対して，すぐに挙手をさせて，答えを求めていませんか？

　発問や指示の後にすぐに答えや考えを求めるのではなく，子どもたちに自分の考えを持てる時間とその考えをノートに書かせる時間を取るようにしましょう。課題に対して子どもに自分の考えを書かせることで，どのように考えたのかという思考過程がノートに残せるようになるのです。

プロ教師のワザ 1　吹き出しや枠をつけて書かせる

　ノートを書くことの良さには，次のようなことが挙げられます。
・学習内容を残して何を学習したのかが分かる。
・課題に対して自分の考えを書き残して，自分の思考過程を振り返ることができる。

　このノートの役割を生かすようなノートの書かせ方を目指せばいいと思います。特に子どもに自分自身の考えを書くスペースをとらせて，自由に書かせるようにします。このときに大切なことは，ノートのどこにどのように書かせるのかをはっきりとさせることです。

　子どもたちが自分の考えを書きやすくするためには，ノートに吹き出しを書かせたり，枠を設けてどこにどのくらい書けばいいのかをはっきりさせるとよいでしょう。吹き出しを使って書かせることで，子どもたちは書きやすくなるのです。まずは，書く意欲を持たせることが大切です。

プロ教師のワザ 2　何をどのように書けばよいのかが分かるようにする

　ノートを書くことから自学の方向へ向かわせるには，学習の基本となる部分を課題にして書かせるようにします。例えば，物語の読みで授業に入る前に次のような項目をノートに書かせます。

　　・登場人物は？　・中心人物は？　・どんな出来事があった？　・場面はどうなっているか？　・おもしろいところは？　・物語の内容を一文で書くと？
　　（〜が〜によって〜する・になる話。）

　説明文においては，「文章構成図を書く」や「要点をまとめさせる」等の項目について，まずは自分の読みをノートに書かせるようにします。授業の中で書かせますが，終わらない場合は宿題にすることもできます。このように書くことによって，自分の考えを持って授業に臨むことができます。

　そして，これらの項目は，次の学習のときにも活用できるため，自分から進んで書くことに取り組むことができるのです。

話すこと・聞くことにかかわる事例

24 音読の声が小さくて，スラスラ読めない

先生：「音読しましょう。」

女の子：「太郎さんは，目を覚ましました。『おや？　ここはどこだろう。』自分の声がやけに大きく聞こえました。あたりは真っ暗で，何も見えません。」

太郎：「太郎さんは…目を，目を，おぼ…覚ましました。」

　子どもの力強い声には，子どもの自信が感じられます。どの子もこのような力強い声で音読させたいと願うのは教師なら誰でも同じです。
　子どもの「音読の声が小さい」ことの原因には，次のようなことが考えられます。

・声を出すことに対して，読むことに対して慣れていない。

・性格的に人の前で話したり音読したりすることに抵抗がある。

・スラスラと読めないから音読することに対して苦手意識を持っている。

　また，「人の前で読むことが恥ずかしい」「間違ったら笑われてしまう」といったことが原因で声を出せないでいる子どもは多いと思います。このような場合は，音読以前の学級経営の問題もあります。
　この他，さまざまな原因が考えられますが，「声に出して読むことへの抵抗を取り除くこと」と「どのようにして読めば，声をはっきりと出せるかをその具体的方法を体験させること」が大切ではないでしょうか。

プロ教師のワザ1　いきなり音読させないで,音読の工夫をしてみる

　力強い声で音読させるには,子どもたちに音読に自信を持たせることが大切です。いきなり「音読してごらん。」では,なかなか読めないものです。音読の工夫をして,子どもがある程度読めるようになってから,みんなの前で音読させるといいと思います。次のような音読のさせ方が効果的です。

・まずは,自分一人で音読させます。この場合は,小さな声でもいいです。読んでいきながら,「読めない漢字」「読んだけど自信がない漢字」「読みにくい言葉」に線を引きながら読ませます。
・次に,教師がゆっくりと範読します。ここでは,先ほど引いた線の部分を確認し読み仮名を書いていきます。
・そして,もう一度一人で読ませます。この段階での読みは,前回よりも読みやすくなります。
・最後は,二人組で一文ずつ交代で読んでいきます。

　このような音読が文章を正確に読むことにつながります。そして,子どもたちが自信を持って読むことに取り組むようになります。このような,音読の前の準備が重要になってきます。

プロ教師のワザ2　日々の音読活動で機会を増やす

　みんなの前で声を出すことに慣れさせるには,日々の活動が効果的です。日々の音読活動には,さまざまな詩を題材とするのがいいです。「今週の詩」というような題材を準備して,朝の活動や授業の最初の時間を使って音読させます。毎日の活動とすれば,音読に抵抗を持っていた子どもも徐々に声を出すことに自信が持てるようになります。

　この日々の活動で大切なことは,上の唇と下の唇をできるだけくっつけたり離したりするようにして読ませることです。このようにすることで言葉をはっきりと発音できるようになります。

　このように声に出して読む機会を多くしていくことも大切なことです。

話すこと・聞くこと

話すこと・聞くことにかかわる事例

25 発言の声が小さい

> このとき●●は、
> どんな気持ちだったでしょうか。
> では△△さん！

> え！！
> まとまっていないけど…

> えっと、このときは、きっと…。

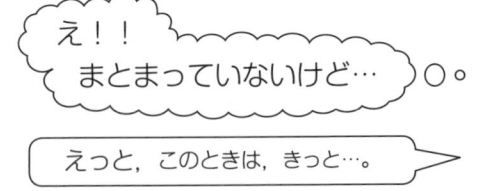

　発言のときに声が小さくて、何を言っているのかなかなか聞き取れない子どもはどのクラスにもいます。このような子どもによく「もっと、大きな声で話しなさい。」と言ってしまいがちですが、子どもはかえって萎縮してしまい、余計に話せなくなってしまうのです。

　発言の声が小さい子どもの原因には、「話すことに自信がない」「間違ったら笑われる」「話すことに苦手意識を持っている」等が考えられます。また、授業の進め方にも子どもが話せない原因があるように思います。授業の中で子どもに話させるとき「挙手を求め挙手した子どもだけが話す」「子どもが考える時間がなく、話す内容をすぐに求めてしまう」「正しい答えだけを求めてしまう」等の進め方になっていませんか。

　どんな子どもでも話す授業を目指しているのですが、なかなかそうならないのは教師側の授業の進め方も原因となっている場合も多いのです。子どもの様子をよく見てどの子も話せる授業づくりを目指したいですね。

プロ教師のワザ 1　自分の考えを持てる時間をとる

　話す内容に子どもが自信を持てれば，声を大にして話せるようになります。そのためには，子どもが話すことを考える時間をしっかり取るようにすることが大切です。この場合，ただ時間を与えるのではなく自分の考えをノートに書かせるようにします。そして，話すことに苦手意識を持っている子どもには，書いたことを読ませるようにします。読むということは，話すことよりも気持ちが楽になります。

　それでも声が小さくて聞き取りにくい場合は，近くにいる子どもにどんな内容を話していたかを変わって話させるようにします。話した子どもに「もっと大きな声で……。」と言わずに，「～さんは，どんな話をしたのか言える人。」と投げかけ，別な子どもに話させることです。

　このような投げかけによって，話した子も安心できますし，クラスの仲間も小さな声でもしっかり聞こうという意識が生まれ，仲間の話にしっかりと耳を傾ける学級集団をつくることにもなります。

プロ教師のワザ 2　仕草やつぶやきを拾う

　挙手を求めて話させようとすると，自信のある子どもが中心となる授業になり，自信のない子や考えるのに時間がかかる子どもは取り残されてしまいます。このような子どもが出ないようにするには，子どもの「つぶやき」や「仕草」をしっかりと見るようにします。

　話すことに自信が持てない子どもたちでも，自分の中には話す内容を持っているはずです。その内容は，「つぶやき」や「首を傾ける」「頷いている」といったちょっとした「仕草」に現れます。このような「つぶやき」や「仕草」を見て「今，なんと言ったの，言ってごらん。」と発言を促すようにします。また，首を傾け不思議そうにしている子どもに「何か不思議に思っていることがあるでしょ。」と声をかけ，その疑問を話させるようにします。すると，子どもたちは何とか話すようになるのです。

話すこと・聞くことにかかわる事例

26 発言が長くて，何を言っているのか分からない

まずは ——
—— それから —— だってね ——
—— そして ——

それから —— それと ——
—— そういえば ——

長い…。

　子どもの話や発言を最後までしっかりと聞くことは，とても大切なことです。しかし，話す内容が長すぎて何を言いたいのかが伝わらない子どももいます。このような子どもは，次のようなことが多いです。

・話したい内容がたくさんあって，何から話していいのか分からない。
・思いついたことをすぐに話そうとする。
・「それから」「だってね」「だから」という言葉をくり返し使っている。
・具体的内容を次から次に話してしまう。
・話し終わったとき最初に話した内容を忘れてしまっている。

　例えば，物語の学習で「この話はどんなお話ですか？」と子どもに投げかけると「それからね。」「それからね。」をくり返し，物語のあらすじを最後まで話してしまいます。そして，最初の話に戻るとその内容を話せないことが多いのです。

プロ教師のワザ1　まずは，結論を話させ，理由を限定して

　話が長くなってしまう子どもは，「それから」をくり返し次から次に思いつくままに話していることが多いです。このような子どもに対しては，「短く話してごらん。」という言葉がけはしますが，それだけではなかなかうまく話すことにはつながりません。

　このような場合は，最初に結論を話させるといいでしょう。「一番言いたいことを一言で言ってごらん。」と結論を最初に話させるように言葉がけをしていくといいと思います。そして，その後に理由を話させると話したい内容を整理して話すことができるようになると思います。

　また，理由を話させるときに長くならないようにするためには，「理由を三つ話してごらん。」と数を限定するとさらに自分の考えを整理した話し方ができると思います。その数は，そのときそのときによって変わってきますが，三つ以上は多くなり余計に話が長くなってきますので，多くても三つと限定した方がいいです。

プロ教師のワザ2　話し終わった後にまとめさせる

　話の長い子どもの場合，話し終わった後に自分は今まで何を話してきたのかが分からなくなってしまっていることが多いです。ですから，話が終わった後，「たくさん話してくれたけど，一番話したかったことはなあに？　一言で言ってごらん。」とまとめをさせるといいと思います。

　あまりにも話が長いときは，他の子どもたちも飽きてきてしまいます。そのような様子が見え始めたら，途中で止めて先ほどと同じような言葉を投げかけるといいと思います。

　また，話す内容を考えさせるとき，まずは結論から話すようにするために，その内容を整理してノートに書かせると自分の考えを結論から，簡潔に話すことができるようになると思います。とにかく，「結論は？」「理由は？」を心がけていくといいでしょう。

話すこと・聞くことにかかわる事例

27 発言のルールがうまく機能しない

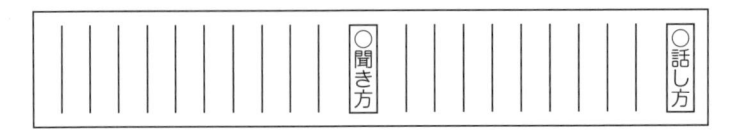

「話し方・聞き方」に当てはめて発言しましょう。

　子どもが授業の中で積極的に話せるようにと考えて，教室の前面に「話し方・聞き方」という話型や聞き方の方法が掲げられているのをよく見ます。その内容には，次のような内容が多く見られます。
　「私は〜だと思います。わけは〜です。」「〜さんに，付け足します。」「〜の考えに反対です。」「ぼくの考えは，〜です。」「〜さんに質問します。」
　このような「話型」を示し，この型を使って話をさせようとします。
　また，「話す人の方に体を向けて話を聞きましょう。」とか「うなずきながら聞きましょう。」とか「自分の考えと比べながら聞きましょう。」というように聞き方までも型を与えてしまっています。
　このような「話型」や「聞き方」を教室に掲示するだけで子どもたちは話したり聞いたりすることができるのでしょうか。また，このように型に当てはめることで子どもたちは，話したり聞いたりしやすいのでしょうか？
　実際は，このような内容を掲示してあっても「子どもたちが話さない。」という言葉を多く聞きます。ルールの見直しが必要ですね。

プロ教師のワザ① どの子も「つぶやき」が出せる雰囲気を作る

　話型を提示し話型に当てはめて話すことは，大人でもなかなか難しいものです。それを子どもに強いるのは酷なことです。子どもは，話したいことをどのように話型に当てはめるのかを考えている間に話したいことを忘れてしまい，話せなくなってしまうものです。

　授業の中で子どもは，さまざまな思いや考えを持ちます。そのときそのときでその思いをつぶやかせることが大切ではないでしょうか。つぶやくことによって，疑問や思いを表現できるのではないでしょうか。

　子どもが自由につぶやくことができるようにすることで，自分らしくその思いを表現できるようにさせます。「なるほど。」「そうか。」「うーん，そうなんだけど。」「でもさー。」というようなつぶやきを多く出せるようにします。ただここで気を付けなければならないのが，そのつぶやきが否定的な言葉だけにならないようにすることです。「〜さんが言いたいのは〜でしょ。それは分かるんだけど，ぼくと違うのは〜だよ。」というように相手の話を受けた発言につながるようにしたいものです。

　このように子どもが自由に自分の思いを言葉にする雰囲気を作っていくことが大切ではないでしょうか。

プロ教師のワザ② 自分の言葉で自分らしく

　話型や聞き方の「型」に当てはめた話は機械的になり，そこにはその子らしさが感じられないものです。発言には，その子らしさが表現できるようにすることが大切ではないでしょうか。子どもが自分の言葉で自分らしく話せるようにすることが，話す意欲につながってくるのです。

　そのためには，「だってね。」「でもさ。」「〜さんは，〜なことが言いたかったんじゃない。」「〜君は，〜と考えたんじゃないの？」というようないつもの会話で無意識に使っている話し方を授業の中でさせることが効果的です。そうすることで自分の言葉で自分らしく話せる雰囲気ができると思います。

話すこと・聞くことにかかわる事例

28 他の子どもの発言を聞いていない

「しっかり聞きましょう。」
「よく聞いて〜（汗）」
「話を聞いてください。」

「よく聞くってなんだろう？」
「今日の給食はなにかな〜」

　話を聞かない子どもがいると「話を聞きなさい。」「しっかり聞きましょう。」と言ってしまうことはよくあります。しかし，このような言葉だけではなかなか子どもは聞くようにはなりません。また，何とか聞かせたいとの思いの強さから，次のような無理な姿勢を子どもたちに求めていませんか？

○「人の話を聞くときは，話す人の方を見ましょう。」という言葉で話す人の方にクラス全員が一斉に体を向けて話す人を見るようにさせる。

○「うなずきながら聞きましょう。」の言葉で，全員が機械的にうなずく。

○「話を聞くときは，背筋を伸ばして手は膝の上に置いて聞きましょう。」と無理な姿勢を強いる。

　このような聞く姿勢を強調してしまうことが多く見られます。これは，聞き方の「型」だけを求めて，聞く側の内面的なことの改善にはなっていないのです。聞くことの内容の工夫や聞こうと思う意欲を高めることを考えていかなければ，子どもたちの本当に聞こうという姿勢は見られないのではないでしょうか。

プロ教師のワザ 1　何を聞けばいいのか，聞くことを明確にする

　人の話を聞くためには，何をどう聞けばいいのかという聞く目的を持たせることが大切です。重要なことは，自分の考えと比べながら聞くことです。そのためには，話題に対して自分の考えを持たせることが求められます。自分の考えを持たなければ，比較する材料がありません。その材料を持たせることが聞く意欲につながると思います。ですから，必ず自分の考えを持たせ，自分の立場をはっきりとさせることがとても重要になります。

　そして，比べながら聞くための言葉を持たせることが必要になります。そのための言葉として「はてな？」「なるほど」「そうか」「でもね」「ええと」「しかし」「例えばさ」「つまり」「やっぱり」……というような言葉を持たせ，これらの言葉を意識して聞くようにさせることが自分の考えと比較した聞き方につながると思います。そして，どのように聞けばいいかを実感させることが子どもの聞く意欲につながると思います。

プロ教師のワザ 2　聞いた内容を確認，言い換えをさせる

　「しっかり聞きましょう。」という言葉を連発しないで子どもたちがしっかりと聞くようにするためには，次のような投げかけで人の話を確認させることが効果的です。

　「～さんは今，どんな話をしましたか？」「～君の言いたいことは，どんなことでしたか？」「～さんは，どんなことを話したかったのでしょう。」このような投げかけで，他の子どもにその内容を確認させます。そして，その内容を話せた子どもを「よく聞いていたね。」とほめてあげます。このようなやりとりを聞く場においてくり返していきます。そうすることで子どもの心の中には，「聞かなくては……」という思いが芽生えてきます。

　また，「～さんの言ったことを別な言葉で言うとどんな言葉になりますか？」というように言い換えをさせることを多く取り入れることも，子どもたちの聞く意欲を高めていくことにつながります。

話すこと・聞くこと

話すこと・聞くことにかかわる事例

29 人数が多すぎて、話し合いに参加しない子が出た

「グループで話し合ってみましょう。」の投げかけで話し合いをする場合、積極的に話す子どもと全く話し合いに参加できない子どもが見られることがあります。

話し合いでは、「グループで……」ということが多いです。そして、その人数は4～6人が一般的になっています。

しかし、話し合う人数が多ければ多いほど話し合いに参加しない子どもも多くなるのです。話し合いの人数は、どんなときでも同じ人数ではなく、その時々の話し合いの目的によって変えていかなければ効果的な話し合いをすることはできません。

また、グループでの話し合いにおいて話し合いの型を求めるがために、司会をおいて、司会者の進行で順番に話をしていくという方法もよく見られます。まるで、学級会の話し合いをしているような光景です。

話し合いの形態も同じようなことが言えます。もっと、自由に意見交換ができる雰囲気を持たせることも必要です。

プロ教師のワザ 1　誰もが話ができるように，二人組を基盤に

　グループでの話し合いをさせるとき，その人数はとても重要になってきます。多ければいいというものでもありません。何を話し合わせるのかという話し合いの目的によっても違ってきますが，グループの話し合いは大抵，情報交換やさまざまな考え方に触れるということが多いと思います。このような場合は，4～6人ぐらいの人数がいいと思いますが，いきなりこの人数で話し合いをすると，「話せない」「話さない」子どもを作ってしまいます。

　誰もが話せるようにするためには，まず，二人組の話し合いから入ってみてはいかがでしょうか。二人組のよさは，絶対に話さなければならないという状況を作ることにあります。二人組によって，全員が自分の考えを話し，その後に人数を増やしたグループでの話し合いをしていけば，話すことの苦手な子どもも安心して話し合いに臨むことができるでしょう。

　まずは，二人組の話し合いをしてみてはいかがでしょうか。

プロ教師のワザ 2　もっと自由に意見交換ができるように

　グループの話し合いと学級会の話し合いを同じように考えなくてもよいのではないでしょうか。授業の中での話し合いは，情報交換が大きな目的になってきます。必ず，結果を出させる必要はありません。そう考えると，その場に司会者がいて進行を務めるという形にすると，自由な情報の交換にはなりにくくなるので，おすすめできません。

　「私は，～考えているの。だってさ……。」「そうか。ぼくは……と考えていたんだけど……。」「～君はどう考えた？」「ぼくとあなたの考えって，よく似ているね。」「でもさ，～ことも考えられるんじゃない？」というような自由な雰囲気での意見交換ができたら，どの子も話したいと思いますし，また，自然な状態で話し合いも進んでいくのではないでしょうか。

　司会者を決めての話し合いには，気楽さが感じられません。もっと，子ども一人一人が自由に参加できる雰囲気を作ることも大切です。

話すこと・聞くこと

第2章　場面別・つまずき事例でよく分かる！指導の要点＆技術

話すこと・聞くことにかかわる事例

30 スピーチの指導がマンネリ化してしまう

> みんなに話したいことを考えて話しましょう。

> えー…また…。

　「子ども一人一人がみんなの前で、自分の考えを話せるようにしたい」という教師の願いから「一分間スピーチ」は、日々の活動として多くの教室で行われています。そして、その多くは、「毎朝、交代で行う」「自分の好きなテーマで話す」「話した内容をメモを取る」という約束事のもとで、継続活動として行われています。この活動も続けていけばいくほど、子どもたちの話す意欲はどんどん停滞し、さらには教師の願いからはほど遠い活動になってしまいます。どうしてこのような活動になるのでしょうか？　次のようなことが考えられます。

○テーマがいつも同じである

　「自分の好きなこと」とか「みんなに知らせたいこと」といった同じテーマがずっと続き、子どもが飽きてしまいマンネリ化してしまっている。

○やることがいつも同じである

　「話すとき、メモを書いてそのメモを見ながら話す」とか「聞くときには、いつもメモしながら聞く」というようにやることが同じで、子どもがつまらなさを感じてしまっている。

プロ教師のワザ 1　スピーチの形態やテーマに変化を持たせる

　マンネリ化する原因の一つには，スピーチに変化がないことが考えられます。その一つとして，「みんなに話したいことを考えて話しましょう。」というテーマが決められて，これについて話すことがずっと続けられたらどうでしょうか。一回や二回ならまだそんなことは感じないでしょうが，これが何ヶ月も続いたら「えーっ，また……。」という声が大きくなってくるのは明らかです。スピーチも次のようにいろいろな変化を持たせることが大切です。

・テーマを変える：同じテーマだと飽きてしまうので，一つのテーマで全員のスピーチが終わったら，テーマを変えて続けていくようにします。テーマを変えることで気分も変わってきます。

・話し方を変える：「今回は，結論を話してからその理由を三つだけ挙げて話しましょう。」とか「聞いているみんなにクイズを出してから話し，その後でその解説をしていくように話しましょう。」など，話し方を変化させます。

　このようにテーマや話し方に工夫をさせることで，話し方にも変化が生まれ，子どもたちは話すことを楽しむようになるのではないでしょうか。

プロ教師のワザ 2　見せながら，提示しながら話をさせる

　スピーチの場合，一般的には話し手の話を聞いているだけという子どもたちの姿があります。人の話を聞いているだけでは，飽きるのは当たり前です。例えば，話をするときに話の材料となる物を実際に持ってきて話させるとどうでしょう。きっと，そのものを見ながら聞くのですから，子どもは関心を持って聞くことができます。そのために次のようなことをやってみてはいかがでしょうか。話すことに関係のある物や写真，あるいは描いた絵などを持ってきて，それを見せながら話をさせます。何かを見せながら，何かを提示しながらそれについての話をさせると話しやすくもなりますし，聞く側も楽しくスピーチを聞くことにつながります。

話すこと・聞くことにかかわる事例

31 話し合いで意見が出ず，話し合いにならない

意見を出しましょう。

恥ずかしい…

何を聞かれてるか分からない…

　授業の大半は，クラス全体で話し合いをしながら進行していきます。その中でいろいろと教師が発問するのですが，なかなか子どもたちから発言が出なくて困ってしまうことがあります。こんなとき，教師は，同じ発問を何度もくり返しますが，くり返せばくり返すほど子どもたちは黙ってしまいます。その原因として次のようなことが考えられます。

　・問われていることが難しくて，何を話せばいいのか分からない。
　・手を挙げて話すのが恥ずかしい。

　また，教師が子どもに求めたいことを強く出し過ぎて同じ発問をくり返していることもあります。
　子どもたちの発言で授業をつくっていきたいというのは，教師の願いです。どの子も自分の考えが表現できるようにしたいのですが，そのような思いが強ければ強いほど，発問のくり返しになってしまい逆効果になってしまっているのです。
　話さない原因を明らかにして，たくさんの子どもの声で授業をし子どもたちも教師も「楽しい」授業にしたいものですね。

プロ教師のワザ① 簡単な発問の工夫を

　子どもたちが授業の中で話さない，話せないことの原因には，「何を話せばいいのかが分からない」「難しい」という原因が考えられます。また，このことを教師の立場で考えてみると「発問の内容が難しい」「何を求めているのか発問内容が複雑になって分かりにくくしている」ことが考えられます。では，どんな工夫をしていくことがいいのでしょうか？　まずは，発問を簡単に簡潔に明確にしてあげることです。

　次のような発問を例にして発問のあり方を考えてみましょう。

　「～の気持ちはどんな気持ちですか。いつそんな気持ちになったのか，それから，その後どんな気持ちになったのか，また，誰に対してそんな気持ちになったのかを考えてみましょう。」

　こんな発問をされたら，子どもは何を話せばいいのか分からなくなるのは当たり前ですね。上の発問例には，いくつもの発問内容が入っています。この中で一番大切なことを一つ取り上げて，子どもには「～は，誰に対してどんな気持ちになったのですか？」という発問にすれば話すこともはっきりしてきます。要は，発問内容を少なく，そして短く，簡潔にすることが大切です。

プロ教師のワザ② 少数の考えや発言を取り上げる

　子どもが発言しない原因の一つに，「恥ずかしい」という気持ちを持っている子はとても多いです。このような子どもも進んで話し合いに参加させたいですね。こんな子どもが発言できないのは，挙手した子どもに答えさせてその言葉を拾うことで授業が進められているからです。

　挙手した子どもの考えを聞いたら，手を挙げなかった子どもに「今の話を聞いて，あなたはどう思いますか？」と手を挙げなかった子どもたちにも話をさせるようにすればいいと思います。

　また，発言が少なかったら「他にはありませんか？」をくり返さず，出てきた考えについて発言しない子に指名し話させ，話題を広げるようにします。

話すこと・聞くこと

話すこと・聞くことにかかわる事例

32 単発の発言ばかりで，つながりのない話し合いになってしまう

～だと思います。

いいです。　分かりました。　同じです。

またこのパターン！　〇。

　授業中の話し合いで，子どもたちの発言が単発で終わり，関わりやつながりが見られなく，話し合いによって求めている深まりが感じられない，という悩みがあります。

　単発の発表で終わってしまうことの原因の一つが，一つの発言のすぐ後に「いいです。」「分かりました。」「そうです。」「同じです。」という言葉を子どもたちが発することです。実は，この言葉で次の考えや疑問が出せなくなって子ども同士の関わりやつながりが見られなくなってしまっているのです。

　また，教師は子どもたちからの「いいです。」「分かりました。」等の言葉を聞くことで，理解しているものだという安心感を持ってしまっている場合があります。だから，単発の発言で授業がどんどん進められていくのです。

　実はこれらの言葉には，分からない子どもたちが「分かりません。」という言葉を出しにくくしてしまっている部分もあります。ですから，このような言葉を発すれば次に進める，話をしないですむ，という逃げ道になってしまっているところもあるのです。

プロ教師のワザ 「いいです。」「分かりました。」の内容を問う

　発言の後に必ず「いいです。」「分かりました。」「そうです。」等の言葉を発するとその時点で話題についての考えは終わってしまいます。そして，理解できないままに授業は次に進んでいくことになります。ですから，これらの言葉によって，子どもたちが理解したという思いを教師は持たないようにすることや，本当に理解できているかを確認する必要があります。次のような問いかけでその確認をしてみてはいかがでしょうか。

　「ぼくは～だと思います。」という発言の後にすかさず「いいです。」「同じです。」という言葉が子どもたちから出てきた場合には，「何がいいのか，あなたの言葉で言ってごらん。」「どんなところが同じなのか，あなたの言葉で話してごらん。」というようにその内容を問うことで理解の度合いを測ることができます。

　また，このような問いかけは，話題をどんどん広げていくことになります。

　「何がいいのか，あなたの言葉で言ってごらん。」「どんなところが同じなのか，あなたの言葉で話してごらん。」と問うて子どもたちにその内容を話させると全く同じ表現にはなりません。同じような内容ではありますが，微妙に内容が違ったり言葉が違ったりします。このことを取り上げて，その子が自分の言葉で自分らしく表現できたことをほめてあげます。ほめることによって同じような考えでも自分で表現することの大切さに気づかせます。

　さらに，「今，二人が話したことの違いはどんなことがありますか？」「二人の話に共通するところはどんなところでしたか？」というようにその他の子どもたちに問いかけていきます。このような問いかけによって，話題は，自然な状態で広がりを見せますし，子ども同士の発言が関わりを持って，深まりのある話し合いになっていきます。

　「話さない。」とか「話せない。」といった話し合いの問題解決は，子どもの発した一言を受け止め，教師が子どもに問い直しすることで新しい展開となり，話し合いを楽しくしていきます。

話すこと・聞くことにかかわる事例

33 グループの話し合いが全体での学びにつながらない

> 話し合いの間に
> 授業の流れを考え直そう…

　授業中私たち教師は，よく「グループで話し合ってごらん。」とか「隣の人と話し合ってごらん。」というように小グループの話し合いの場面を設けます。そして，グループの話し合いが終わると「いろんな考えが出てきましたね。では，みんなで話し合ってみましょう。」とすぐに全体の話し合いに入っていきます。
　このような場面で，ふと疑問に思うことはありませんか？「何のためにグループの話し合いをさせたのだろう」とか「グループの話し合いで出たことを確認もしないで，授業を進めていいのか」「このような流れだったら，グループの話し合いは必要ないのでは？」というようなことです。なぜ，グループの話し合いを設定するのでしょうか？
　「さまざまな考えに触れさせ，考えを交流させることで新しい発見ができるようにする」というような考えもありますが，授業の流れが停滞したのでグループでの話し合いを設定しその間に次の活動を考えたり授業の方向を考えたりしてしまう場合もあるのではないでしょうか？
　とにかく，話し合いをさせるのであれば，その様子や内容を確認しその後の活動に生かすようにしたいものですね。

プロ教師のワザ1　簡単に話し合いの報告をさせる

　グループの話し合いの後，話し合いのことには触れないで授業を進めていくと「何のための話し合いだったのだろう」と子どもも疑問を持ちます。グループでの話し合いが，次の授業にどんどん関連し，話し合ったことが効果的であったというような話し合いをさせたいものです。

　そのためには，グループの話し合いが終わって，次の学習に進む前に「グループでどんな考えが出てきましたか？」「話し合いをして意見が食い違ったことはありませんか？」「『なるほど』と思えるような考えはありませんでしたか？」というように話し合いの内容を確認すれば，この中からこの後の学習と関連することも生まれ，授業のつながりも出てきてグループの話し合いがとても効果的になるのです。

プロ教師のワザ2　机間巡視で話し合いの様子を見たり内容を聞く

　グループの話し合いの簡単な報告ができる場面を作ることは，前述のような効果が生まれますが，全てのグループに聞いたりすることは，かえって授業の流れを中断させてしまったり時間がかかってしまうことになります。

　では，どのような工夫をすればいいのでしょうか。そのためには，報告をさせたいグループを事前にとらえ，どんな内容を報告させるかを教師がはっきりと持っていることが大切です。

　このような情報を集めるには「机間巡視」が大切です。グループの話し合いをしている間にそれぞれのグループの話し合いの様子をしっかりと見て回ります。そして，「このグループの話し合いはおもしろい」とか「次の学習に関連することに気づいている」とか「〜君の発言はなかなかいい」「〜さんの言葉は，授業の中で使えるな」というような観点で見て回り，話し合い終了後にこれらのグループや子どもを指名して報告をさせるようにするとグループの話し合いも充実してきますね。とにかく，話し合い後の報告する場を設けることが大切です。

話すこと・聞くこと

書くことにかかわる事例

34 作文に苦手意識を持っていて、なかなか書こうとしない

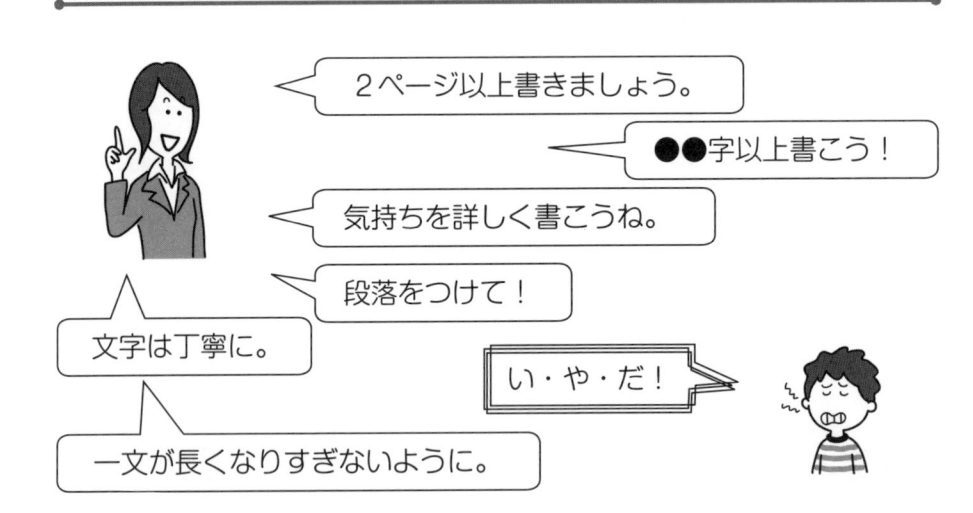

> 2ページ以上書きましょう。

> ●●字以上書こう！

> 気持ちを詳しく書こうね。

> 段落をつけて！

> 文字は丁寧に。

> 一文が長くなりすぎないように。

> い・や・だ！

　子どもたちが書く活動として主に挙げられるのは、「読書感想文を書く」「日記を書く」「作文を書く」等があります。このような活動で子どもたちが書くことに積極的に取り組めないのには、次のような理由が考えられます。

- 「3枚以上書きましょう。」「2ページ以上書きましょう。」というように書く量を求められる。
- 「したことばかりでなく、気持ちを詳しく書きましょう。」というようなことをくり返し言われる。
- 「文字を丁寧に書きましょう。」「段落をつけて書きましょう。」「一文が長くならないように書きましょう。」というように注意事項が多い。

　書く前に以上のようなことを言われたら、誰でも書くことがいやになるでしょう。どんなことをどのように書くのかという方法を教えて、子どもたちが「書けた！」という喜びが味わえるようにしたいものです。

プロ教師のワザ❶ 何をどう書けばいいのか，その方法を指導する

　ただ「書きなさい。」では，子どもたちは書けないし何をどう書けばいいのか分からず，なかなか書こうとしないのです。ここで一番大切なことは，何をどう書けばいいのかをはっきりさせることです。具体的にその方法を子どもたちに指導することが重要となります。その一つの方法として「双括型」（文章の最初に結論を書き，次にその根拠を三つ書かせて，最後にまた結論を書いてまとめる）で書く方法を子どもに指導します。ここでは，読書感想文を例にその方法を紹介します。

・物語を読んで，どのような感想を持ったのか，簡単に抽象的な言葉「とても不思議な感じがしました。」「おもしろかった。」「悲しいお話でした。」で自分の思いや感想を簡単に書かせます。
・次に最初に書いた思いについて，具体的に理由や根拠を書かせていきます。このときに大切なことは，何についてどのように感じたのかを具体的に書かせることです。理由や根拠は三つ挙げて書かせます。三つ書くことで自分の思いをより詳しく書くことになるのです。
・そして，最後にまとめを書かせます。ここでは，「だから」というような言葉をおいて，最初の思いと関連させて書くことができるようにすることが重要になってきます。

　ここでは，読書感想文を例としましたが，この方法は，日記にも作文にも生かせる方法です。

プロ教師のワザ❷ 書こうとする意欲を高めさせる

　子どもたちの書こうとする意欲を高めることも大切なことです。そのために，子どもたちが書いた文章を読んで「表現の仕方がいい」「すてきな言葉を使っている」等のいいところを見つけて，その部分に波線（〜〜〜）を付して◎を付けます。どの子の文章にも一つや二つは付けてあげることで子どもたちに喜びを感じさせ，書く意欲を高めるようにします。

> 書くことにかかわる事例

35 段落が一つもない作文や日記になってしまう

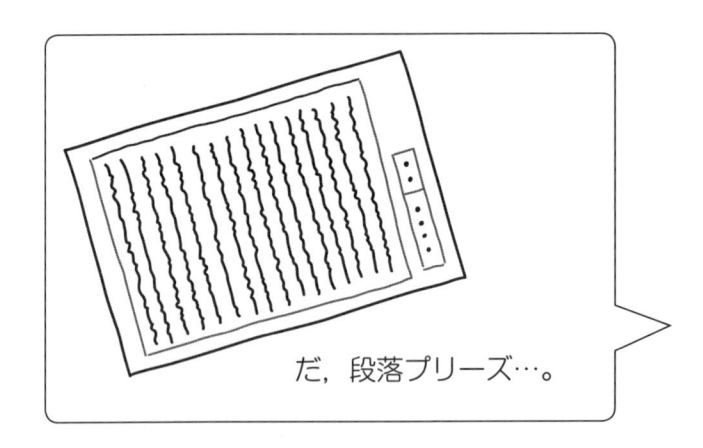

だ，段落プリーズ…。

　作文や日記を読んでいてとても困るのは，段落がなく最初から最後まで続けて書いてあることです。段落がない作文や日記は，とても読みづらいものです。低学年の場合は，文章が短いのでまだいいのですが，学年が上がっていくにつれて文章も長くなり，読みづらさも増してきます。

　作文や日記を書かせる場合，私たちは「段落をつけて書きましょう。」とはよく言います。しかし，子どもたちが書いてくる文章は，段落のない文章になっているのです。

　「段落をつけましょう。」という言葉だけでは，何をどのようにすることなのかの具体的方法が分からないので，実際にできないことが考えられます。

　まずは，「段落とは，どのようなものか？」をしっかりと子どもたちの中に理解させることが大切です。段落とは，行を変えて，一マス空けて書くことであることをしっかりと理解させます。これは，実際の文章（教科書の説明文等）を使うことで分かりやすくなります。

プロ教師のワザ ❶　段落の意味理解と書いた文章を音読させる

　段落をつけて文章を書けない子どもの原因として考えられるのは，まず段落の意味が分かっていないことが考えられます。段落は，改行して一字空きで書くことを理解させます。このときに学習している説明文を使って，具体的に説明することが効果的です。

　次に，どんなときに改行して段落をつけるのかを理解させます。話の内容や説明の内容が変わるときに改行することを理解させます。この場合も説明文を使った具体的な説明が効果的です。また，「しかし」や「でも」という言葉で話を変えるときも段落を変えることをしっかりととらえさせます。

　さらに，書いた文章を音読させてみましょう。音読していくと段落のない文章がとても読みにくいことを実感します。そして，どこで区切ったら読みやすいかを考えさせ，その部分に印を付けさせ，そこで改行して段落がつけられるようにさせます。

　このような基礎的な理解をさせていく学習をくり返し行っていくことが子どもに段落意識を持たせることになると思います。

プロ教師のワザ ❷　説明文の学習や視写を通して意識させる

　段落をつけた文章を書かせるには，段落意識を持たせることです。この意識は，文章を書く場合だけではなかなか徹底できません。読みの学習との関連を持たせることが大切です。

　説明文の学習で，いくつの段落で構成された文章なのか，その段落はいくつの文でできているか，段落の中で一番大切な（まとめをしている）一文はどれか，仲間となる段落はいくつあるか，というような活動を通して段落の意識を持たせます。とにかく日々の学習で段落を意識した読みの学習をしていくことが大切になってくるでしょう。

　また，段落を意識させるには，視写活動を行うことも効果的です。改行がどこで行われているかを意識させるといいでしょう。

書くことにかかわる事例

36 感想文と記録文がごちゃごちゃになっている

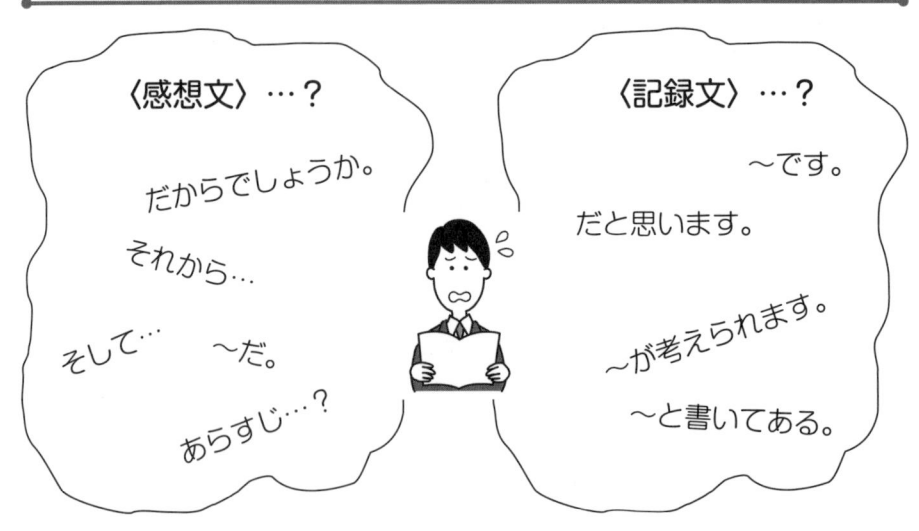

〈感想文〉…？

だからでしょうか。

それから…

そして…　〜だ。

あらすじ…？

〈記録文〉…？

〜です。

だと思います。

〜が考えられます。

〜と書いてある。

　感想文と記録文がごちゃごちゃになってしまう原因には，次のようなことが考えられます。
○「感想文」ってどんなことを書くのかが分からない
　感想文を書かせると「それから」が多く使われて，物語のあらすじを長々と書いてしまい，自分の思いが書かれていないことが多いです。
○「記録文」ってどんなことを書けばいいのかが分からない
　「〜だと思います。」とか「〜が考えられます。」という文末表現が多くなり，事実が書かれていないことが多いです。
　このように「読書感想文」と「記録文」の違いが理解されていないことが大きな原因になっています。何をどのように書けばいいのか，また，どんな言葉を使って書けばいいのかを子どもたちがしっかりと理解する必要があります。

プロ教師のワザ① 事実と感想を区別させる

「読書感想文」と「記録文」を区別させるには,「事実を書くのか?」「感想を書くのか?」という理解が必要です。まずは,その区別を次のように大きく分けてとらえさせるようにします。

・「感想文」は,主に自分が感じたことを中心として自分の思いを書く。

文末表現を「~だと思います。」「~だからでしょうか?」「~ということが考えられます。」というような言葉で表現させるようにします。

・「記録文」は,どのようになっているか,何が書いてあるかを書く,あるいは,見たままの事実を書く。

文末表現が「~です。」「~だ。」「~と書いてある。」というように言い切りの形で表現されていることをとらえさせます。

以上のように「自分の思いや考えを書くのか?」「見たままの事実を書くのか?」をしっかりと区別させ,書くことに生かせるようにすることが重要です。

プロ教師のワザ② 事実と感想を組み合わせて書かせる

文章を書くときに文末表現を意識して,「事実」と「感想」を区別して書かせるとその目的に合った文章を書くことにつながります。しかし,文章は,事実と感想を組み合わせて書くことの方が多いのです。

「感想文」の場合は,物語の事実を取り上げてそれに対して自分の思いを書きます。また,「記録文」の場合も見たことの事実を取り上げて,そこから考えられることや感じたことを表現します。

1年生の「アサガオの観察日記」の場合,「事実」だけ,もしくは「感想」だけの文章にはなりません。表現内容を見ると「事実」と「感想」を組み合わせた表現になっています。次ページの観察日記をごらんください。事実と感想が組み合わさった内容になっています。このとき大切なことは,まずは事実を取り上げさせ,それに対して自分の思いや考えられることを文末表現を意識して表現させるようにすることです。

第2章 場面別・つまずき事例でよく分かる!指導の要点&技術

▼一年生のアサガオの観察日記

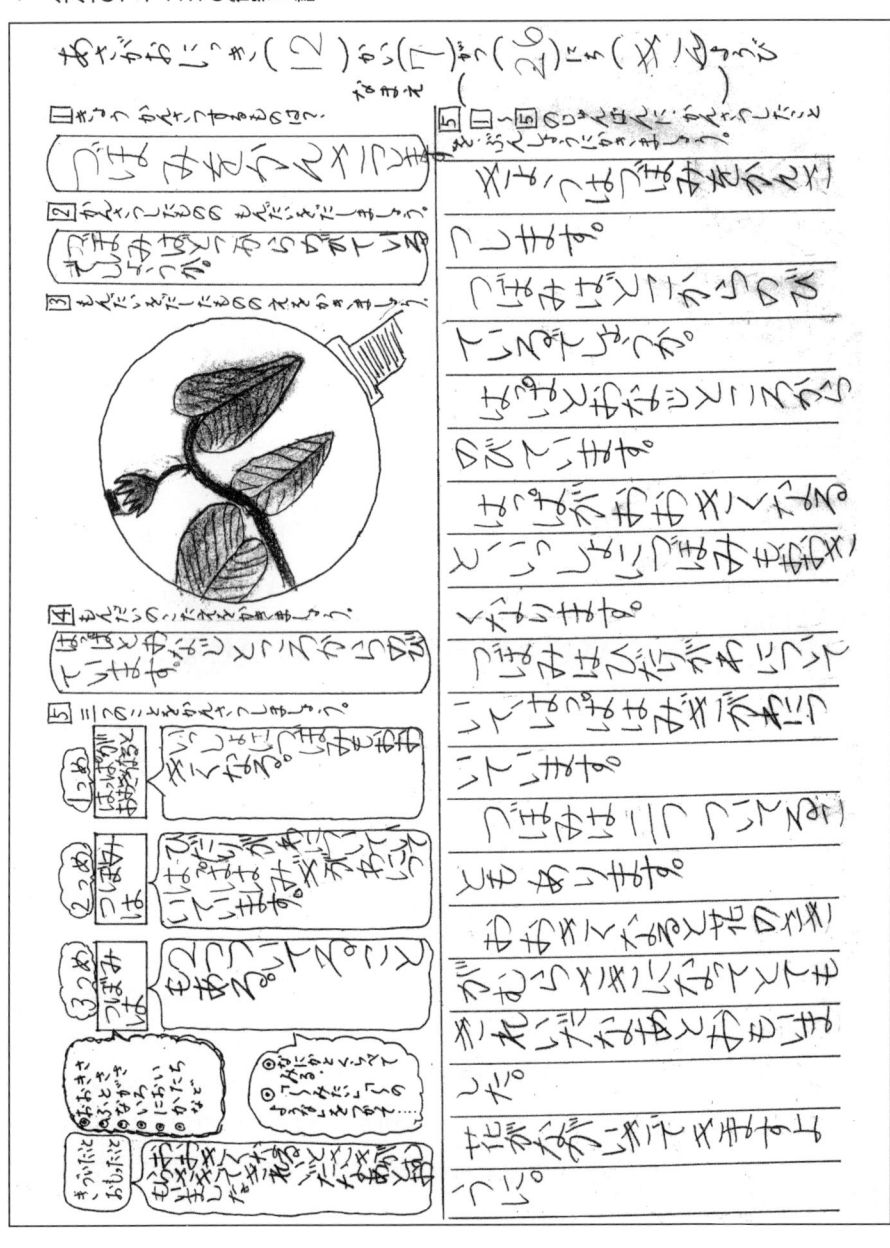

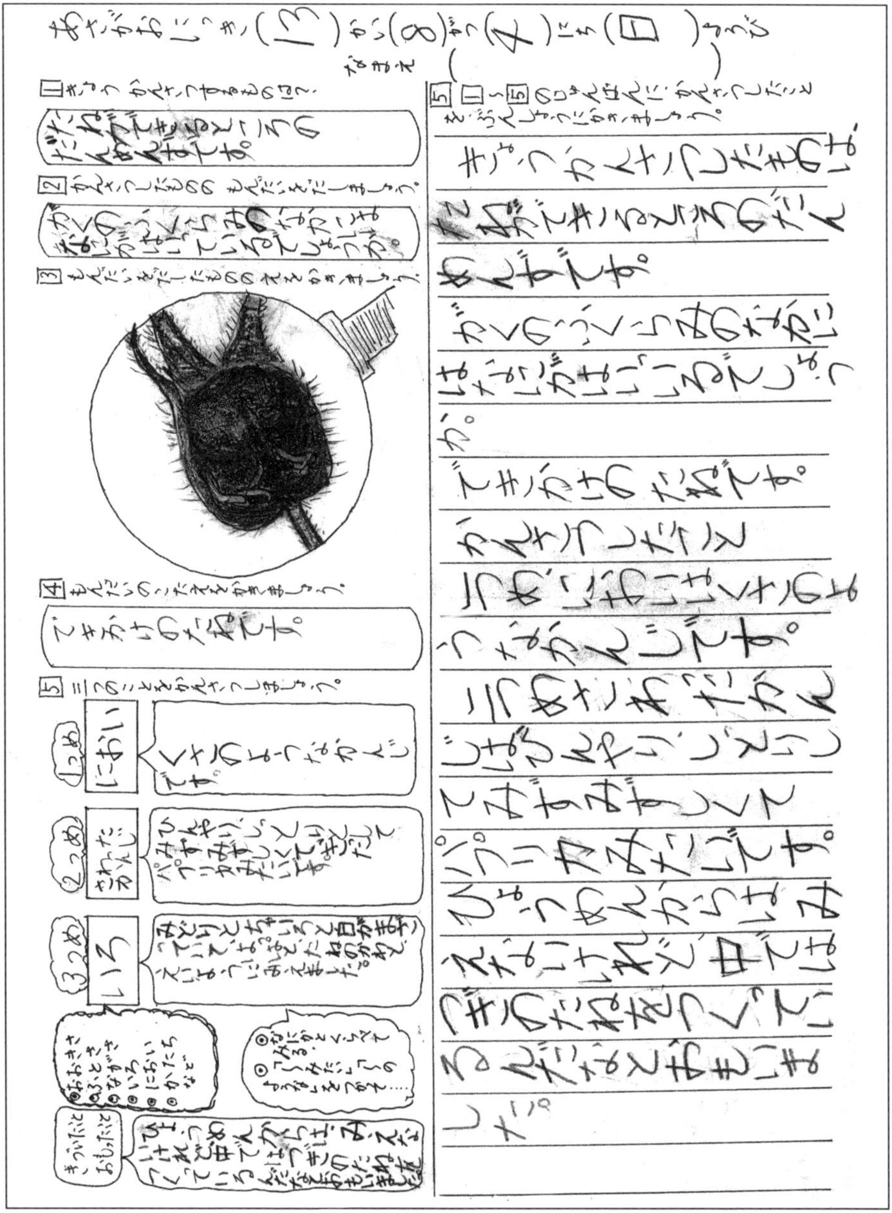

1つめ
におい
2つめ
さわったかんじ
3つめ
いろ

書くことにかかわる事例

37 読書感想文，何をどのように書けばいいのかが分からない

先生：読書感想文を書きます。

子ども：えーっ？何を書けばいいの？

子ども：何枚書くの？

先生：おもしろかったことや悲しかったことなどを書けばいいです。自分が思ったことを書けばいいです。

子ども（心の中）：「おもしろかった。」でいいの？

　「読書感想文を書きましょう。」という言葉を聞いたとたんに子どもたちは，「えーっ。」という言葉を発します。この言葉の奥には，「書きたくない」「めんどくさい」「何を書いたらいいの」…等の思いがあります。このような言葉になる原因は，「何をどのように書けばいいのか分からない」ということが挙げられます。確かに，読書感想文を書く活動のときには原稿用紙が配られ，「自分が思ったことを書きなさい。」だけで書かされることが多いようです。

　「何をどのように書けばいいのか」という具体的な方法が分かれば，子どもたちも意欲的に取り組めるのではないでしょうか。

プロ教師のワザ　双括型の文型で誰もが書けるようになる

　「何をどのように書けばいいのか」。その方法がはっきりするには，双括型の文型を活用させればいいです。双括型の文章とは？　結論を文章の最初と最後に持ってくればいいのです。

　つまり，文章の最初に一番簡単なその作品を読んで思ったこと，感じたことを抽象的な表現でいいですから書かせます。

　　・ぼくは，このお話を読んでおじいさんは，とっても優しい人だと思いました。

　このくらいのことであれば，どの子も書けるはずです。そして，「おじいさんの優しさ」の内容を具体的に三つ書かせます。

　　・一つ目の優しさは，貧しいのにおばあさんを思いやる……
　　・二つ目は，寒そうな地蔵様に自分の大切なかさを……
　　・三つ目は，どんなに貧しくても明るく……

というような「優しさ」の内容を物語の内容から，具体的に書くことができるようにし，その理由を三つに限定して書かせるようにします。

　そして，最後にもう一度まとめを書かせます。

　　・このようにおじいさんの優しさがお地蔵様に伝わって，二人はすばらしい年越しが……

　以上のような手順を示すことによって，子どもたちは誰もがその方法を使って読書感想文を書くことができるようになります。

　この他，「頭括型の文」（結論を文章の最初に書いて，その後に結論の内容を書く），「尾括型の文」（結論を文章の最後に書く）という文型を使った感想文も書けるようにすると，感想文の書き方が広がりを見せてくるのではないでしょうか。

| 読むことにかかわる事例 | 物語文 | 説明文 | 詩 歌 |

38 物語の授業で作品の頭から読解をしていたら，子どもが飽きた……

先生：今日は１場面の●●の気持ちを読みましょう。●●はどんな気持ちですか。

女の子：●●の気持ちは悲しいと思います。

先生：それもいいですね。

男の子：●●の気持ちは寂しいと思います。

先生：それもいいですね。

男の子（心の中）：どっちもいいの…？

　物語の授業に入ると必ず「場面分け」をしていませんか？　そして，その場面分けに沿って，「……の気持ちはどんな気持ちですか？」という発問で授業が進んでいませんか？　さらに，子どもが抽象的な言葉で言ったことに対して「それもいいですね。」という教師からの言葉をくり返していませんか？　このやりとりが一つの物語を終わるまで続いていませんか？

　このようなやりとりのくり返しがどんな物語でも同じように行われているのです。だから子どもが物語の授業に飽き，国語の授業が嫌いになってくるのです。

プロ教師のワザ 1　中心人物の変容を読もう

　物語には，中心人物がある出来事・事件に出会って，心が大きく変わったことが書いてあるのです。この変容の過程と出来事の関係を読んでいくことが物語の授業では大切にされなければなりません。そのために次のような文型で作品全体の読みを表現させましょう。

　　　　　　　① が ② によって ③ する（になる）話。

　①には中心人物を入れます。②には中心人物が変わる事件や出来事を入れます。そして，③には中心人物がどのように変わった（変容）かを入れます。このように表現させることで中心人物の変容とその因果関係を読むことができます。場面をぶつ切りにしない，作品を丸ごと読むことにつながります。

　物語で何をどのように読むのかということを子どもたちに教えることができます。

プロ教師のワザ 2　作品を丸ごと読む

　場面分けをして順番に読んでいく一般的な方法では，変容や因果関係を読んでいくことにはつながりません。まずは，作品を丸ごと読んでいくことが大切です。そのためには，作品の３部構成を子ども全員が全体をとらえられるようにします。３部構成とは，物語の「はじめ」「なか」「おわり」という構成です。この構成をとらえさせることで物語の全体を把握することができます。

◆「はじめ」の部分

　中心人物が物語の最初ではどのような状況にあるのかを見つけます。

◆「なか」の部分

　中心人物は，どんな事件や出来事に出合うかを見つけます。

◆「おわり」の部分

　物語の最後では，中心人物はどのように変わったのかを読み取ります。このときは，「はじめ」の部分の中心人物の状況と比較をさせます。

📖 読むことにかかわる事例　　**物語文**　説明文　詩 歌

39 解釈が分かれたまま，収拾がつかなくなった

先生：今日は最後の場面の「ちいちゃん」の気持ちを考えてみましょう。
「ちいちゃん」は，最後のかげおくりのときはどんな気持ちだったのでしょうね。

男子：きっと，悲しかったと思うよ。だって死んでしまうもん。

女子：うれしかったと思うよ。だって，家族と一緒になれたもん。

先生：どっちなんでしょうね。

　「ちいちゃんのかげおくり」（光村３年）の最後のちいちゃんが一人でかげおくりをする場面でちいちゃんの気持ちを問うと「楽しいかげおくり」「悲しいかげおくり」と二つの気持ちが子どもたちから出てきます。その理由を聞くと「家族に会えたから楽しい」「死んでしまうので悲しい」というような理由が出てきてどちらをとればいいのか悩んでしまいます。
　どちらの理由もなるほどと思われ，どちらをとればいいのか迷ってしまう授業場面は，この作品だけでなく他の作品でも同じようなことが多くあります。

プロ教師のワザ 1　語り手の語りを根拠として読もう

　物語は，語り手の語りによって作品の内容を伝えようとしています。この語り手が誰の立場からどんなことを伝えようとしているか，語り手の語りを通した読みの方法を子どもたちに教えていく必要があります。

　「悲しいかげおくり」と読んだ子どもは，「ちいちゃんが死んでいく」ということを優先させる読者の立場を優先させています。また，「楽しいかげおくり」と読んだ子どもは，作品の表現，つまり語り手の語りをもとにして読んでいるのです。作品の表現は，「死んでいく」ということを感じさせない明るい表現になっています。ですから，作品の叙述を手がかりとして読めば，ここではどのように読まなければならないかがはっきりしてくるのです。

　重要なことは，作品の叙述がどのようになっているか，語り手の語りはどうかという読みの視点を持たせることが大切です。

プロ教師のワザ 2　気持ちを問う発問を考える

　物語の読みにおいて収拾がつかなくなることの原因の一つが，気持ちを中心にしすぎる発問にあると思います。気持ちを中心に問うことによって，読者一人一人の読みが違ってくるのです。

　気持ちを問うのであれば，その根拠を明らかにさせる必要があります。例えば，気持ちを読む場合は「動詞」を見つけさせ，その「動詞」を手がかりとして読んでいくこと。なぜ，そのような行動になったのかを問うことによって，読みのゴールは明確になってきます。

　また，直接的に「……の気持ちはどんな気持ちですか？」と問うのではなく，「どうしてそんな気持ちになったのか？」というようにその原因を追及していく発問にしていくことが大切です。

　叙述を忠実に読んでいく，どのように書かれているかをしっかりととらえて読んでいけるようにすることが大切です。

📖 読むことにかかわる事例　　**物語文**　説明文　詩 歌

40 長文読解が苦手な子どもがいる

さあー，物語を読んでみましょう。

えーっ！　何を読むの？

プイ！

お話を読んでごらん。

読みなさい。

　物語でも説明文でもちょっと長い文章になると読むことに対して抵抗のある子どもがいます。授業においても教科書は開いているけど話の内容を自分から読もうとしない子どもがいます。

　このような子どもたちに何とか少しでも読む姿勢を付けたいあまりに「読みなさい。」と何度もくり返して言ってしまいます。このやりとりをしていても子どもはなかなかお話の世界に入ってきません。それどころか，どんどんお話の世界から遠ざかっていきます。子どもが文章を進んで読んでいくには，どんな手立てをしていけばいいのでしょうか。

プロ教師のワザ 1　読む前に問題を出す

　子どもが進んで文章を楽しく読んでいくためには，「読みたい」「読んでみたい」「どうしてだろう？」「なぜ？」という気持ちを持たせることが大切です。では，子どもたちがそのような気持ちを持てるようにするには，どうしたらいいのでしょうか。

　子どもたちはクイズが大好きです。このクイズと同じように読む前に問いを出してあげるとその答えを求めるために読もうとします。例えば，「この物語の中心人物は誰でしょう。」「登場人物は何人でしょうか？」「登場人物はどんな順番に出てきましたか？」というように物語を読んでいく上で大切な次のようなことを問題にしていきます。

　・登場人物は？／・中心人物は？／・どんな出来事が起こりましたか？／・季節はいつですか？／・場所はどこですか？／・中心人物はどのように変わりましたか？　というような観点をもとにして問いを作ってその答えを考えさせるようにすればいいと思います。

プロ教師のワザ 2　最初の音読の工夫から

　作品を最初に読んでいく際に一人読みをさせてしまうと最後まで読まなかったり，読み方が分からなくて途中で投げ出してしまう子がいます。

　最後までしっかりと読み終えることができるようにするために，以下のような方法で二人組の音読をさせます。二人で相談し合いながら読ませると最後まで友だちにつられて読んでいくことができます。また，この読みの方法によって，正しく正確に読んでいくことにもつながります。

①二人組を作って，先に読むか後から読むかを決めます。
②交代しながら最後まで読んでいきます。
　句点（。）で交代します。要するに一文ずつを交代で読みます。
③読み方が分からなくなったら二人で考えさせます。
　時間があれば，入れ替わって二回目の音読をします。

📖 読むことにかかわる事例　　　　　物語文　説明文　詩 歌

41 古典作品は教科書の音読以外にどんなことをしたらいいのか……

> 春はあけぼの
> ようよう白くなりゆく山ぎわ……

> もう一回，読んでみましょう。

> もう一回，読んでみましょう。

> 今度は，暗唱できるようにしましょう。

> もういいよぉ…。

　古典教材は，音読させて古語の持つ言葉のリズムや響きを味わわせるというようなことがねらいとして挙げられているので，どうしても音読や視写で学習が終わってしまうことが多いです。音読や暗唱だけでは，子どもは飽きてしまいます。きっと「えーっ，また……」という気持ちを子どもたちは持ってしまいます。
　暗唱することの苦手な子どもは，最初からこのような学習に対して消極的になります。子どもたちが古典の言葉の響きや楽しさを味わうには，どのような活動をしていくことが望ましいのでしょうか。

プロ教師のワザ① 「覚える」ということを強制しない音読を

　最初から「暗唱しよう」と子どもに投げかけることは，子どもたちに苦痛を味わわせてしまいます。教科書を見ながら正確に読んでいくためにはどうすればいいのかを考えさせながらの音読をさせていけばいいでしょう。

　「どう読めばいいか？（イントネーションに気を付けて）」「どこで区切って読めばいいのか？（大体の言葉の意味も考えながら……）」を中心として子どもと一緒に考えて音読をしていけるようにすることが音読することの楽しさや古典のおもしろさを味わうことにつながると思います。

　さらに，一斉音読や一人読みだけの活動では，自分だけの世界になって，友だちとの比較ができません。そこで，二人組での音読をすることで自分の読みを聞いてもらったり，友だちの読みを聞くことで自分の読みを見直すことができるようにすることが大切です。

プロ教師のワザ② 真似をして書いてみる

　古典の学習の場合，言葉を味わったり，楽しんだりすることがねらいとなっていますので，音読だけの活動ではこれらのことは達成できません。そこで，真似て書いてみることをお薦めします。

　例えば『枕草子』の場合，この作品に使われている代表的な言葉「やうやう」「さらなり」「をかし」「いと近うなりたるに」「あはれなり」「いとをかし」「はた言うべきにあらず」「いとつきづきし」「わろし」などを取り上げて，自分なりの四季感を表現させるのも一つの方法です。

　この場合，ただ単に四季に対する自分の思いを表現させてしまうと抽象的な表現が多くなり，自分らしさを表現することになりません。そこで，自分にとって，自分だけの四季を表現させるようにするとよいと思います。例えば，自分の家の庭や昨日の夕飯のおかず，などの自分に一番近いことを表現させると子どもも真剣に考えるようになり，その子らしさが出てきます。

読むことにかかわる事例　　物語文　説明文　詩歌

42 授業での読書単元から，自主的な読書につながらない

――読書単元で取り上げられた作品から発展読書へ

> 同じ作者のお話を読んでみましょう。
> 動物たちが出てくるお話を見つけてみましょう。
> お話を見つけて紹介しましょう。

> もっと読みたい本が
> あるのに……

　読書単元の読みの学習においては大抵の場合，読解の指導が行われるケースが多いです。そして，発展読書につなげようという活動が行われ，同じ作者の作品を読んでみよう，作品の読み比べをしてみよう等の活動が行われています。シリーズ物の作品であれば，まだ興味・関心を持って読もうとする子どももいますが，なかなか普段の読書への関心にはつながっていきません。

　授業の中での読書指導と自主的な読書の目的が違っているので，なかなか自主的な読書への関心を持たせることができません。授業の中で行う読書指導と自主的な読書への誘いを区別して行うことが必要ではないでしょうか。

プロ教師のワザ1　作品の持つ特徴を指導の中心にする

「……の気持ちはどんな気持ちですか？」というように，読書単元の作品の指導で物語の読解指導と同じことが行われていることが読書への関心につながらない理由の一つです。

読書単元の作品の指導においては，人物の心情の変容を追わず，次のようなその作品の持つ特徴を指導の中心としていくことが自主的読書への誘いになると思います。

◎「作品の構成」のおもしろさを

ファンタジー作品の構成（現実～非現実～現実／現在～過去～現在　等）のおもしろさに気づかせる。

◎「シリーズ作品」としての楽しさを

『あらしの夜に』や『お手紙』等の作品のように「次の話はどうなるんだろう？」というような次の話につながる楽しさに気づかせる。

◎「くり返し」のおもしろさを

さまざまな「くり返し」を探し，何のために「くり返し」が使われているのかを考え，その意味を知ることの楽しさを味わわせる。

以上のようなことを指導の中心とし物語を読むことのおもしろさ，楽しさを他の作品にも生かしていけるようにしていくことが大切だと思います。

プロ教師のワザ2　自主的な読書への誘い

この指導は，子ども一人一人の興味・関心を高めていくことが大切です。そのために，子どもたち一人一人が好きな，さまざまなジャンルの本を紹介していく場を設けます。この活動は，次のような活動を日常の活動として行い自分の世界を他へ発信させていくようにします。

◎自分が興味を持っている本を紹介し合う交流の場を設ける。
◎みんなに知らせたい本の紹介文を書かせて，交流し合う。
◎教師が読み聞かせを通して，本を紹介する。

📖 読むことにかかわる事例　　物語文　**説明文**　詩　歌

43　段落の要点をまとめることができない

> 段落の要点をまとめなさい。

> 要点って何を書けばいいの？

> 段落をまとめればいいのよ。

> つまりどうしたらいいの…？

　「要点」「要約」「要旨」といった言葉は，説明文の学習ではよく使われる用語です。しかし，どの用語も理解がきちんとなされていないために，子どもたちからはさまざまなものが出てきて，一つにまとめようとしてもなかなかまとまらず，最終的には教師が「要点は……です。」と提示してまとめてしまうことが多いです。

　一生懸命考えてきた子どもたちは，「なぜ，そうなるのか？」「どうして？」という疑問を持ってしまいます。国語は，いろいろな考えが出てきて，どのようにまとめたらいいのかが分からないというのが，教師の悩みです。

プロ教師のワザ 1　用語の意味をしっかりと教える

　「要点」「要約」「要旨」をまとめる，書くといったとき，大抵の場合は，それぞれの用語の意味理解がなされていないことが大きな原因です。それぞれの用語の意味をしっかりととらえさせることが重要になってきます。意味が分かっていなければ，まとめることは不可能です。次のようなことを事前にきちんと指導することが先決です。

　○要点とは？：形式段落レベルを短くまとめること。
　○要約とは？：文章全体を短くまとめること。
　○要旨とは？：筆者の主張点のこと。

というような基本となる意味理解をさせることが学習の第一歩です。

プロ教師のワザ 2　具体的な方法を教える

　用語の簡単な意味理解ができたら，具体的なまとめる方法を指導する必要があります。具体的な方法が分かれば，答えは同じ方向を向いてきます。ここでは，「要点」をまとめる方法を挙げます。

①まずは，その形式段落は，いくつの文でできているかを見つけます。
　文は句点を基準として探すことの指導も重要です。
②次に，それらの文の中で一番大切な一文を探させます。
　「大切な一文」というのは，簡単に言えばその段落でまとめをしている文であることをとらえさせます。また，それぞれの文の役割を見ることでまとめの文を探すことができることを指導します。例えば，一文目は前書きで二文目は問題を出している，三文目に答えを出して，四文目にまとめをしている……というように，具体的に指導する必要があります。
③最後は，取り出した一文を短くまとめます。
　このときは，その文の主語を見つけて，その主語を文末に置くという体言止めにすることを指導します。体言止めによって，要点もほぼ同じ方向へと向かっていきます。

説明文

読むことにかかわる事例　　物語文　**説明文**　詩　歌

44 意味段落で分ける，が理解できないときには……

意味段落に分けてごらん。

どうすればいいの？

意味段落ってなあに？

どこを見ればいいの？

　「意味段落が分からない」ということは，「形式段落」も理解していないということです。また，形式段落を理解していなければ，意味段落を説明することは困難です。

　低学年では，形式段落も意味段落も含めて「段落」という言葉で括ってしまいがちですが，このような問題が起こらないようにするためにも低学年の説明文の学習の段階で「形式段落とは？」「意味段落とは？」という言葉の理解をしっかりとしておくことが大切になってきます。

　まずは，「形式段落は，書き出しが一マス空き」になっているというように誰もが見て分かることを子どもたちにとらえさせます。そして，「この形式段落がいくつか集まって意味をもつまとまり」が意味段落であることを教えていきます。

プロ教師のワザ 1　1年生の説明文で具体的にそのまとまりを見つけさせる

「いきもののあし」(学図1上)では、「あひる」「らいおん」「だちょう」を題材として、それぞれの足について同じような文型と内容が、次のような四つの段落で構成されています。

① 「問い（これは、なんのあしでしょう。）」
② 「答え（これは、あひるのあしです。）」
③ 「足の仕組み（あしのゆびのあいだには、みずかきがついています。）」
④ 「できること（だから、みずのなかを、すいすいとおよぐことができます。）」

まずは、それぞれ四つの内容の書き出しが一マス空いていることに着目させます。①②③④の段落の一マス空きを使って、一マス空きから一マス空きまでのまとまりを「形式段落」ということを理解させていきます。これで一番基本である形式段落は理解できるはずです。

さらに、形式段落の意味理解の定着を図るために、「あひるの足はいくつの形式段落でできているの？」というようにそれぞれの生き物の足が四つの形式段落で構成されていることをとらえさせます。ここまでのやりとりがあれば、形式段落の理解はできるはずです。

次は、いよいよ意味段落についての指導になります。意味段落の指導では、まずは、この説明文の題名が「いきもののあし」ということの確認を行います。そして、「『いきもののあし』って、どんな生き物の足が説明されているの？」という発問で「意味段落」の理解へと導いていきます。

すると、子どもたちからは「あひる」「らいおん」「だちょう」という答えが返ってきます。この答えは、全員が正確に出せます。そして、「あひるの足については、どの段落からどの段落まで書いてあるの？」と子どもに問います。そして、次のようなまとまりを示し三つのまとまりができることを子どもたちにとらえさせます。

・①〜④段落……意味段落1：あひるの足について

- ⑤〜⑧段落……意味段落2：らいおんの足について
- ⑨〜⑫段落……意味段落3：だちょうの足について

という三つの生き物の足のまとまりをとらえやすくします。そして，この三つのまとまりが「意味段落」であることを理解させていきます。

◎さらに，全員の理解を定着させるために

　この説明文では，「あひる」と「らいおん」と「だちょう」のまとまりが書かれていることをとらえさせ，このまとまりが「意味段落」となることを確認していきます。

　「意味段落」の理解においては，形式段落がどんな「意味」でどのような形式段落の「仲間」ができるかを読んでいくことが大切であることをとらえさせていきます。

プロ教師のワザ2　視写をすることで理解させる

　「形式段落」や「意味段落」の理解は，**ワザ1**のような言葉による理解も重要ですが，定着を図るためには，子ども自身が実際に活動してこそ，その定着を図ることができます。

　その具体的方法として「視写活動」を挙げます。

　視写をするためには，視写のための約束を作り，その約束に沿って子ども自身が自分の力で視写をすることが重要になってきます。

　また，この視写活動は，子どもたちに段落意識を持たせるためには，欠かせない活動です。

　ここでは，その視写活動について説明しましょう。

　まず，視写をさせるためには約束事が必要になります。「19　視写のさせ方〜」でも触れましたが，次のような視写の約束事を決めます。

- ●：行を変えて一マス空けて書く
- ◎：一マス空ける
- △：行を変えるが一マス空けないで書く

・○：句読点やカギ括弧
・〉────〈：一行空ける

　この五つの約束を徹底して子どもたちに理解させ，その力を実の場で発揮させることが段落を意識した文章を書くことにつながるのです。そのために，次のような方法で視写活動を行ってみてください。

・視写記号を確認する。
・教師と一緒に書画カメラを使って，あるいは実際の教科書によって，子どもと一緒に視写記号を教科書に入れていく。
・記号が正しく入れられたかを確認するために，二人組で教科書をもとにして確認作業を行う。
・記号に従って視写をさせる。

　この方法で視写を子ども自身が考えて取り組めるようにしていくのですが，どうしても教科書の文字数に合わせて改行をしてしまう子どももいます。このようなことがないようにするために，「●から●までは，どんどんつなげて書きましょう。」という声かけをしていくことが，段落を意識して書くことにつながるのです。

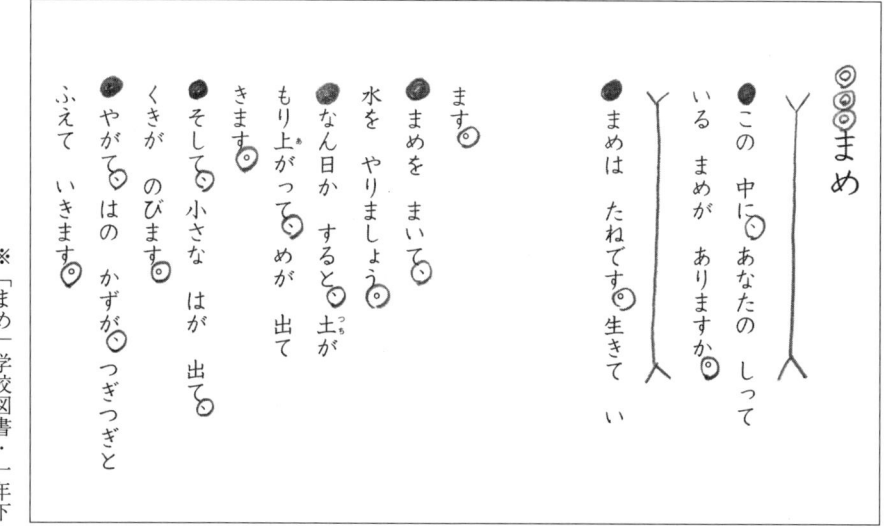

※「まめ」学校図書・一年下

まめ

●この　中に　あなたの　しって
いる　まめが　ありますか。
●まめは　たねです。生きてい
ます。
●まめを　まいて，
水を　やりましょう。すると，土が
もり上がって　めが　出て
きます。
●そして，小さな　はが　出て
くきが　のびます。
●やがて　はの　かずが　つぎつぎと
ふえて　いきます。

第2章　場面別・つまずき事例でよく分かる！指導の要点＆技術　121

| 読むことにかかわる事例 | 物語文 | 説明文 | **詩 歌** |

45 詩の授業，文章量が少ないだけにどう指導したらいいか困る

——詩の授業

音読してみましょう。

そうだ，視写も！

暗唱もしよう。

様子の表現もしよう。

絵に描いてみよう。

何を指導したら…（汗）

　詩の授業に入ると「音読してみましょう。」「暗唱してみましょう。」「詩を視写してみましょう。」「どんな様子かを表現してみましょう。」「詩の内容を絵に描いてみましょう。」といった活動指示で授業が進みます。このように詩の学習においては，何を指導すればいいのかが分からないで教師も困ってしまいます。
　子どもも音読や暗唱，視写ばかりでつまらないと感じています。詩の教材では，音読することも大切ですが，何を指導すればいいのかが分からずに困っていることが多いのです。

プロ教師のワザ① 題名から問いを作り，読みの方向を持たせる

題名には，その作品の内容が凝縮されています。そこで，その題名をそっくりそのまま使って，問いの文を作ります。そして，その問いの答えを見つけることをしていきます。このようにすることで，作品の何をどのように読んでいけばいいか，読みの方向を持つことになるのです。

例えば「ライオン」という題名の詩においては，次のように問いの文を作ります。
・「ライオン」って，どんなライオン？　・「ライオン」って，何をしたの？
このような問いができます。この問いの答えを作品の中に求めていけばいいのです。

プロ教師のワザ② 技法とその効果を指導する

詩には，さまざまな技法が使われています。そして，その技法はある効果を出すために使われているのです。詩を読むとイメージがわきますが，このイメージは，この技法とその効果によって，作り出されているのです。

例えば，詩を読んで「楽しい」とか「リズムがいい」というような漠然としたイメージを抱いたときには，「七五調」という技法が使われていることが関係しています。要するに，「七五調」という技法には，楽しさ，リズムのよさ，軽快さ……といった効果があるのです。

このように詩に使われている多くの技法には，何らかのために使われているという目的があるのです。詩の学習においては，この技法とその効果をしっかりと把握していけば，何をどのように読めばいいのかという方向がはっきりしてくるのです。多く使われている技法と効果を紹介します。

○「五七調」：重々しさや重厚な感じを出す。○くり返し（リフレーン）：くり返すことによってそのものを強調する。○擬声語・擬態語：そのものの音声や状態を生き生きと具体的に表現する。○擬人法：親近感や躍動感を与える。○比喩：たとえられるものの性質・状態が強調される。

ことばや漢字にかかわる事例

46 授業内での丁寧な言葉と，休み時間の言葉を使い分けさせるべきか……

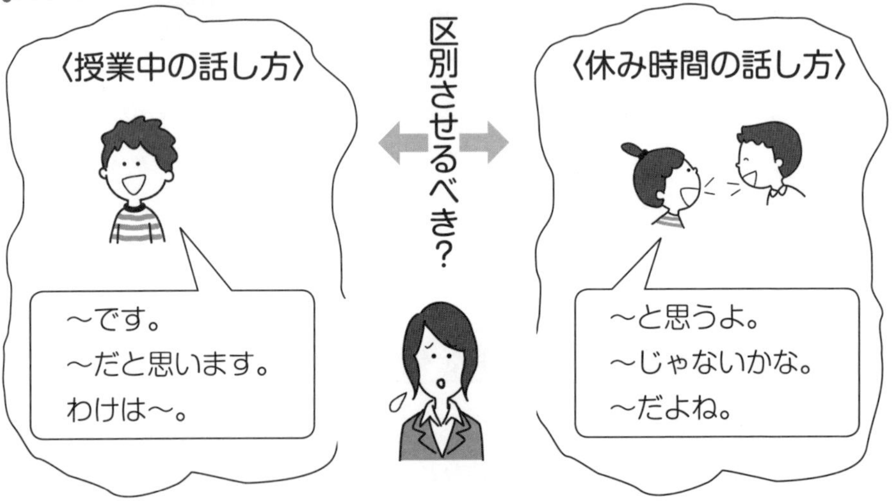

〈授業中の話し方〉
~です。
~だと思います。
わけは~。

区別させるべき？

〈休み時間の話し方〉
~と思うよ。
~じゃないかな。
~だよね。

　子どもたちの話し方には，授業中の話し方と休み時間の話し方があります。私たち教師は，この二つの話し方を区別して話すことができるようにさせたがります。
　「授業中の話し方」は，「~です。」「~だと思います。」「~さんに付け足します。」「わけは，……。」というようにきちんとした話型で話すことを求めます。そして，そのために教室内にその「話型」を掲示し話型に当てはめた話し方をさせようとしています。しかし，子どもたちは，話しにくそうで進んで話そうとしません。どことなくぎこちなささえ感じさせます。
　この話し方を授業の中では特に大切にして子どもたちに強いていますが，休み時間には，全くといっていいほど求めようとはしません。
　「休み時間の話し方」はどうでしょう。普段の会話で使う話し方と同じです。この話し方ですと，子どもたちは気楽に，そして自由にいろんな話を実に生き生きと進んでします。しかし，この話し方を授業の中では求めようとしません。一体，どちらがいいのでしょうか？

プロ教師のワザ1　休み時間の話し方を授業の中でも

　私たちは，授業の中で子どもたちがいろいろな考えを出し合うことのできる雰囲気を作ろうとします。また，教師主導型の授業ではなく，子どもの思いや考えを多く出させる子ども中心の授業を求めようとします。ではなぜ，授業においては，子どもたちが話しにくそうで積極的に話せない「授業の話し方」をさせようとするのでしょうか。きちんとした話し方を身につけさせたい，きちんとした話し合いをさせたいと思うからでしょうか？

　子どもたちが自分らしく自分の言葉で生き生きとした話す姿は，授業を活性化し授業を楽しくします。普段の授業の中でも「休み時間の話し方」で子どもらしい言葉で話せるようにしてはいかがでしょうか。

　子どもたちが多くの言葉で話す授業づくりを目指すのであれば，「休み時間の話し方」をどんどんさせましょう。

　「〜君が言ってることはとってもよく分かるけれど，私は〜と思うよ。」「〜さんはきっと，こんなことを言いたかったのじゃないの？」「〜ちゃんの言っていることは，〜君の言っていることと同じじゃない？」というような言葉で普段と変わらない話し方をさせることで子どももどんどん話せるようになるのです。ですから，型にはめた話し方ではなく，いつもの通りの自分が表現できる話し方をさせるといいでしょう。

プロ教師のワザ2　話す相手によって，話し方を変える

　子どもたちが自分らしく自由に話せる「休み時間の話し方」を授業の中でもどんどんさせることに疑問を持つ方もいらっしゃるでしょう。大事なところでは，きちんとした話し方ができるように指導していきます。また，話す相手によって使う言葉や話し方ができるようにします。これらの指導は，授業の中でもそうですが，日常生活の中での指導が効果的だと思います。そのときそのとき，あるいは，その場に合った話し方をさせるようにしていきます。

ことばや漢字にかかわる事例

47 間違った漢字はどう指摘すればいいのか……

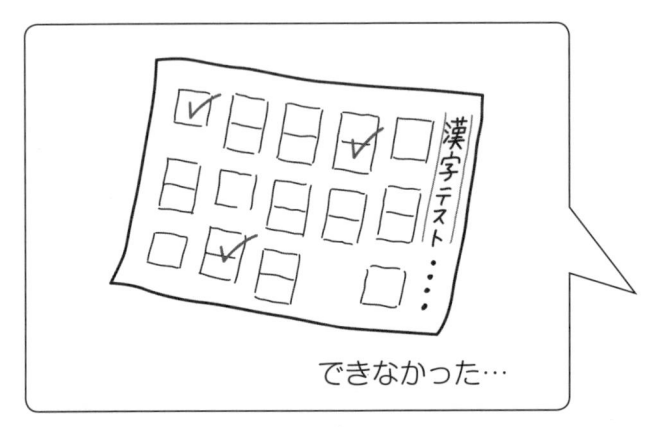

できなかった…

や，やる気を失っている…

　漢字テストや日記などで間違った漢字を書いている場合，ただ×を付けただけでは，子どもはやる気をなくし漢字はつまらないと思ってしまいます。しかし，漢字の間違いを指摘することは，漢字を学習する上でとても大切なことです。間違ったままにしておくことが一番困ってしまうのです。
　漢字の学習はただくり返し同じ漢字を書いたりするだけでつまらないものだと感じている子どもも多くいます。
　では，どのような方法で漢字の間違いを指摘していくことが，子どものやる気を失わせないことになるのでしょうか。効果的な方法を考えてみましょう。

プロ教師のワザ1　？マークでどこが違うのかを明確にする

　漢字の間違いに×を付けると子どもには，「あーあ，できなかった」「間違った……」という思いしかありません。これでは，できた，できなかったという結果だけを求めてしまい，漢字を学ぶことにはつながりません。

　子どもが「どこが，おかしいのだろう」とか「どう書くのかな？」と自分で考えることができるようにしていくことが大切ではないでしょうか。そのために，間違った漢字のどの部分がおかしいのかを指摘して，そこに考えるための？マークを記してはいかがでしょうか。簡単に×を付けるよりも「どこがおかしいのだろう」「どこを間違えたのかな」というような思いが持てるのではないでしょうか。

　例えば，「はねる」部分ができていなかったら，その部分に○印を付けてそこに？マークを付けるのです。漢字そのものが間違っている場合は，その漢字に？マークを記します。このようにすることで間違いを焦点化して考えやすくするのです。

プロ教師のワザ2　正しい漢字を書き添えて比較をさせる

　間違った漢字の指摘は？マークを付けるだけではありません。マークを付ける代わりに，間違った漢字の横に正しい漢字を書き添えて間違いを指摘します。

　この場合の子どもたちは，「どこが違うのかな？」という思いを持ち，自分が書いた漢字と比較して考えようとします。比較することで，自分の間違いを明確にとらえることができるのです。なぜ違うのか，その違いの内容を具体的にとらえさせることで正しい漢字を習得することにつながるのです。

　正しい漢字を書き添えることは，正しい漢字はどのように書くのかということを素早く知ることにつながり，効率よく漢字を学習させることにもなるのです。大切なことは，子どもが漢字を考えながら習得できるようにすることではないでしょうか。

ことばや漢字にかかわる事例

48 新出漢字は指導していても，それが定着しない

> 新しい漢字，ドリルで覚えようね！

> はーい！！

> 全然定着していない…。

　新出漢字は，ドリルを使って読みや書き順等の内容を重点とした指導をすることが多いと思います。しかし，その場では読めたり書けたりするのですが，日常の活動やテストにおいては，間違いが多かったり書けなかったりとなかなか定着しません。

　漢字ドリルを使った学習においては，その漢字の形を機械的に覚えようとしています。だから，ちょっとスタイルの変わった場においては，書けなかったり，読めなかったりするのです。

　子どもたちが学んだ漢字を正確に書いたり読んだりできるようにするためにはいくつかの手立てが必要です。

プロ教師のワザ1　漢字の約束事を教える

　一般的な漢字の指導は，その漢字の形や読みだけを取り上げた指導が行われています。「この漢字は，このような筆順で書きます」というようにその漢字だけに当てはまることを中心として指導します。もし，他の漢字にも使える約束事を知っていれば，もっと，効率よく「考えて」漢字を覚えたり書いたりできると思います。漢字にも約束事があります。その約束事をもとに考えられるようにすればいいのではないでしょうか。

○筆順の決まり
　①上から下へ書く　②左から右へ書く　③漢字を二つの部分に分ける
等の簡単な約束事を知っていれば，どこからどのように書けばいいのか自分で考えて書くことができるようになるのです。

プロ教師のワザ2　漢字創作作文を書く

　学んだ漢字の定着を図るには，その漢字がどのような意味を持ち，どのようなときに使えるのか，ということを学ぶための活動が必要になります。学んだ漢字を使って文章を書くという漢字創作作文を書かせてみてはいかがでしょうか。学んだ漢字を何回も何回も練習するよりも文章の中で使える漢字力を付けることになるのではないでしょうか。

　まずは，漢字のノートとして15マス×10行のノートを準備します。そして，このノートを見開きで使います。

　学習した新出漢字を10個以上使って，創作の文章を書かせます。創作ですから，お話にしても日記風の文章にしても自由です。見開きで使いますので，必ず2ページに入るくらいの文章量で書かせます。そして，使った新出漢字に赤線を付けさせます。

　このような文章を書かせることで，その漢字の意味や読みの理解ができているかが分かり，漢字の定着を見ることができます。漢字は，文章の中で使えて，初めて力となるのです。

ことばや漢字にかかわる事例

49 辞書・辞典を引くのに時間がかかる

●●という語を辞書で引きましょう。

あった，あった！

〜5分経過……〜

どこにあるの？　見つけられないよ〜。

　辞書や辞典を引くときの大きな問題は，個人差があることです。さっさと，目的の言葉を見つけて「あった，あった。」と喜んでいる子ども。「どこにあるの？」といつまでも見つからない子ども。個人差が顕著に表れるのが，辞書引きです。
　このようなことになるのには，原因があります。「あった，あった。」という子どもはいいのですが，「どこにあるの？」といつまでも見つけられない子どもは，なぜ見つけられないのか，子どもの様子を観察してみてください。きっと，その子は引き方が分からないか，辞書の仕組みが分かっていないことが原因となっています。このような子どもたちには，辞書の仕組みや引き方を個人指導していく必要があります。

プロ教師のワザ1　辞書の仕組みや引き方を指導する

　辞書や辞典を引くのに時間がかかる子どもの原因は，辞書の仕組みや引き方が分からないことが多いです。基本的なこととして，辞書は50音表と同じ平仮名の並び方でできていることをとらえさせます。辞書の見出しも中の言葉の並びも同じであることをとらえさせます。

　そして，引き方については，次のような最低限度のことがしっかりと把握できるようにします。

　まずは，見出し語がどのような順番で並んでいるのか，以下のような約束をしっかりととらえさせることが大切です。なかなか理解できない子には，見出し語の例を挙げて個人指導をすることがいいと思います。

①平仮名と片仮名の見出し語が同じ音のときには，平仮名が先で片仮名が後にくる。

②濁音（が・ざ・だ・ば）は，清音（か・さ・た・は）の後ろに，そして，半濁音（ぱ・ぴ・ぷ・ぺ・ぽ）は，その後に並ぶ。

③促音（小さい「っ」）や拗音（小さい「ゃ・ゅ・ょ」）は，普通の「つ・や・ゆ・よ」の後ろに並ぶ。

プロ教師のワザ2　二人組で辞書を引かせる

　辞書引きは，何度も何度も引いて慣れることが一番です。辞書引きを覚えたての頃は，朝の会やその他さまざまな場面において辞書引きをさせることが大切です。多くの場を体験することによって，子どもも自信が出てきて楽しく引けるようになります。

　大抵の場合，辞書引きは個人の活動になってしまいますが，ときには二人組で辞書を引かせることも効果的です。二人組を作るとき，遅い子と早い子のペアを作り，教える，教えてもらう，一緒に引くという体験を通して，辞書引きに慣れるようにしていきます。二人で協力し合うことによって，辞書引きを楽しい活動にできるのです。

ことばや漢字にかかわる事例

50 単元最初の語句調べに，時間がかかる

────新しい単元で

> これから勉強するお話の語句調べをしましょう。

> 言葉の意味がたくさんあるけどどうしよう…。

> まだあと30個もある…。

　国語の授業においては，単元の始めの活動として「語句調べ」が決まったように行われます。そして，語句調べも個人差が大きく，なかなか足並みのそろった活動になりません。調べなければならない語句の数にもよりますが，時間がかかりすぎてしまうことが多いです。
　どの単元でも行われているこの「語句調べ」は，毎回必要なのでしょうか。そして，学習の最初の活動としていつも位置づけられていますが，本当にいつも最初に意味調べをしなくてはならないのでしょうか。
　単元のねらいに沿った授業に早く入りたいのに，意味調べで時間を取ってしまい，単元のスタートで悩んでしまいます。

プロ教師のワザ　意味調べは，必要なときに必要な場で

　単元の始めに決められたように「語句の意味調べ」が行われていますが，意味調べは本当に単元の始め，読みの学習をしていく前に行われなければならないのでしょうか。

　さらに，ここで行われている「語句調べ」は，辞書に出ている意味をノートに書き写しているだけなのです。子どもがその言葉の意味を考えた辞書引きにはなっていないのです。

　「語句調べ」という活動をいつも単元の始めにやることはないと思います。言葉には，その文章の中でどのように使われているかによって，意味の違いがあります。大切なことは，前後の文によってどんな意味なのかを考えることです。まだ，内容を読まないうちから，機械的な辞書による言葉の意味調べでは，その文章に合った言葉の意味にはならないでしょう。ですから，文章を読んでいく過程でその文章に合った意味を調べる，あるいは考えることが重要です。そのために，前後の文から言葉の意味を考え，予想させて辞書で確認していくようにします。

> 　文章を読んでいく過程で，意味の分からない言葉に出会ったとき，立ち止まって辞書を引くことが最も効果的です。

　また，辞書を引いたときにいろいろな意味が出てきますので，どの意味がその文章に合うのかを子ども自身が考え，判断させることが重要です。語句の意味を辞書で引き，どれがこの文章にぴったりするのかを全員で交流し合うのも言葉の意味を調べること，文章を読んで内容を理解していくことの大切な活動なのです。また，そうすることが辞書引きを知的な楽しい活動にしていくことになるのです。

　「語句調べ」の活動を機械的に形式的に行わず，その目的を明確にし目的にあった意味ある活動にしたいものですね。

ことばや漢字

おわりに

　本書で挙げてきましたそれぞれのテーマについてその具体的な方法を整理するときに、これまでの自分の実践を振り返ってみることをしてまとめてみました。その中で、「あのときはもっと、こうすればよかった……」とか「そうか、別の方法もあったなあ……」という思いを持て、これからの自分の指導の工夫も考えることができました。

　国語の授業づくりで大切にしなければならないこととして、次の三点を強調してきました。

・さまざまな「用語」の習得と活用を目指す
・さまざまな「方法」の習得と活用を目指す
・さまざまな「原理・原則」の習得と活用を目指す

　今後、このことをさらに具体的に提示できるようにし一般化できるようにしていかなければならないと強く感じました。そして、これからの日々の実践を振り返り授業の改善を目指し子どもたちの豊かな学びを目指していきたいと思います。

　最後になりましたが、本書の企画や出版につきましていろいろとご意見、アイディアをいただき、長い間気長にお付き合いいただきました明治図書出版編集部の林　知里さまにお礼申し上げます。ありがとうございました。

　　　　　　　　　　　　　　　　　　筑波大学附属小学校　　白石範孝

【著者紹介】
白石　範孝（しらいし　のりたか）
1955年鹿児島市に生まれる。東京都内の小学校教諭を経て，現在，筑波大学附属小学校教諭。明星大学教育学部講師。使える授業ベーシック研究会会長，国語授業ICT研究会会長，全国授業研究会理事。

［本文イラスト］木村美穂

白石範孝の国語授業
おさえておきたい指導の要点＆技術50

2014年4月初版第1刷刊　Ⓒ著　者	白　石　範　孝
2020年1月初版第11刷刊　　発行者	藤　原　久　雄
発行所	明治図書出版株式会社
	http://www.meijitosho.co.jp
	（企画・校正）林　知里
	〒114-0023　東京都北区滝野川7-46-1
	振替00160-5-151318　電話03(5907)6702
	ご注文窓口　電話03(5907)6668
＊検印省略	組版所　長　野　印　刷　商　工　株　式　会　社

本書の無断コピーは，著作権・出版権にふれます。ご注意ください。

Printed in Japan　　　　　ISBN978-4-18-050728-3

白石範孝の考える国語授業シリーズ
論理的に読む国語授業づくり

低学年
A5判・112頁・本体2,100円+税　図書番号：0951

白石　範孝　編著

賢くなった！子どもが達成感を持てる国語授業づくりヒント

低学年では、文章を大きく3つの部分に分けて全体をとらえた読みが大事。また、基本的用語や原理原則を使って読む指導をするために、文学作品では時・場所、登場人物というような10の観点、説明文では形式段落の主語、要旨などの10の観点と具体教材を明示。

中学年
A5判・116頁・本体1,960円+税　図書番号：0952

白石　範孝・田島　亮一　編著

教室から読むの面倒！という声が出ない授業づくりのヒント

中学年では、文章の因果関係や論理関係を読む軸を持たせると、段落構成図を書いたり、人物関係図を書いたりできるだけでなく、話の続きを書いたりする力がつく。読み書きの関連性をとらえた「考える国語授業」で、教室の言語力は飛躍的にアップし、国語が楽しくなる！

高学年
A5判・116頁・本体1,860円+税　図書番号：0953

白石　範孝・香月　正登　編著

「問い」に「答え」だけではない、考える国語授業のヒント

「中心人物は誰か」の問いに対して「○○です」の答えだけでは考える国語ではない。考えることによって、見えなかった登場人物同士のかかわりが見えてきたり、筆者の意図や思考が読めたり出来る―そういう授業はどうすれば出来るのか？具体的な学習材でポイントを提示。

明治図書　携帯・スマートフォンからは　明治図書ONLINEへ　書籍の検索、注文ができます。▶▶▶

http://www.meijitosho.co.jp　＊併記4桁の図書番号（英数字）でHP、携帯での検索・注文が簡単に行えます。

〒114-0023　東京都北区滝野川7-46-1　ご注文窓口　TEL 03-5907-6668　FAX 050-3156-2790

＊価格は全て本体価表示です。